Schriften

des

Vereins für Sozialpolitik.

Untersuchungen über Konsumvereine.

Herausgegeben von

H. Thiel und R. Wilbrandt.

151. Band.

Monographien aus dem Konsumvereinswesen.

Zweiter Teil.

Einkaufsvereinigungen auf dem Lande.

Verlag von Duncker & Humblot.
München und Leipzig 1916.

Einkaufsvereinigungen auf dem Lande.

Mit Beiträgen

von

M. Grabein, N. Feldmann, E. Köhler,
K. Gaebel.

Verlag von Duncker & Humblot.
München und Leipzig 1916.

Altenburg, S.-A.
Piererſche Hofbuchdruckerei
Stephan Geibel & Co.

Inhalt.

Gemeinsame Bezüge der deutschen Landwirtschaft.

Von

Dr. Max Grabein

Dozent am genossenschaftlichen Seminar der Universität Halle a/S.

1. Geschichtliche Entwicklung der gemeinsamen Bezüge der deutschen Landwirtschaft.

Die gemeinsamen Bezüge an landwirtschaftlichen Bedarfsartikeln sind mit der gesteigerten Intensität des landwirtschaftlichen Betriebes seit der zweiten Hälfte des 19. Jahrhunderts ursächlich verknüpft. Treibende Ursache war dabei das starke Anwachsen der Stadtbevölkerung. Diese stieg von

9	Millionen	im Jahre	1850, auf		30	Millionen	im Jahre	1900, auf
14,8	"	"	1870, "		41	"	"	1913.
23,2	"	"	1890, "					

Ein so gewaltiges Anwachsen der städtischen Verbraucher wies der deutschen Landwirtschaft die Aufgabe zu, dem Boden erhöhte Erträge abzuringen. Dazu bedurfte es der gesteigerten Verwendung von Düngefuttermitteln, Saatgut, Zuchtmaterial, Maschinen und anderer landwirtschaftlicher Rohstoffe und Hilfsmittel. Zunächst ging eine Anzahl gut geleiteter, mit Kapitalmitteln genügend ausgerüsteter Großbetriebe führend voran, ihnen folgte allmählich die Masse mittlerer und kleiner Betriebe. Seit den 50 er Jahren entwickelte sich die Einfuhr von Düngemitteln und eine heimische Düngerindustrie entstand. Die Anwendung künstlicher Düngemittel blieb indes in den 50 er und 60 er Jahren noch recht geringfügig. Erst seit dem letzten Viertel des 19. Jahrhunderts nahm sie einen stark wachsenden Umfang an, wie das die folgenden Ziffern veranschaulichen.

Es betrug die Einfuhr von Chilisalpeter:

1859:	7 210	Tonnen	1900:	432 660	Tonnen
1878:	59 500	"	1913:	774 318	"

Der Verbrauch an Kalisalzen, in reines Kali umgerechnet:

1879:	36 051	Doppelzentner	1900:	1 177 121	Doppelzentner
1890:	266 966	"	1913:	6 042 828	"

Der Thomasmehlverbrauch:

1890:	300 000	Tonnen
1900:	900 000	„
1913:	2 450 000	„

Ähnlich wuchs der Verbrauch sonstiger Düngemittel, sowie der von Futtermitteln, Sämereien, Maschinen und andrer landwirtschaftlicher Bedarfsartikel.

Der Bezug dieser Rohstoffe und Hilfsmittel stellte den mittleren und kleineren Landwirt vor neue Schwierigkeiten. Ist doch der Gebrauchswert solcher Bedarfsgegenstände bestimmt durch innere Eigenschaften, wie den Gehalt an mineralischen oder organischen Bestandteilen. Er ist mithin in der Regel nicht äußerlich, sondern nur durch eine fachmännische Untersuchung erkennbar. Bei isoliertem Einkauf seitens der kleinen und mittleren Landwirte unterblieb zumeist eine solche Nachuntersuchung, sei es der Kosten wegen, sei es aus Bequemlichkeit, Nichtbefolgung oder Unkenntnis der bestehenden Probenahmevorschriften. Grobe absichtliche oder unabsichtliche Übervorteilungen griffen daher in bedenklichem Maße um sich. Mueller [1] erwähnt eine Reihe typischer Beispiele aus dem Beginne der 70er Jahre. Unter 50 von der Landwirtschaftlichen Versuchsstation Darmstadt geprüften Düngerproben befanden sich 30, die nicht der Garantie entsprachen. Von 12 Proben aus einer Fabrik hatten sogar 11 nicht den zugesicherten Gehalt von Phosphorsäure. Eine Probe Knochenmehl aus derselben Fabrik enthielt 21 % Sand! Von 13 Proben einer zweiten Fabrik wiesen 9 einen bedeutend geringeren als den garantierten Gehalt auf, in einer dritten Fabrik waren 6 % wasserlösliche Phosphorsäure garantiert worden, tatsächlich betrug der Gehalt jedoch nur 1,2 %.

Zur Abwehr solcher Schädigungen kamen seit Anfang der 50er Jahre gemeinsame Bezüge landwirtschaftlicher Bedarfsgegenstände in Aufnahme. Es verdient Hervorhebung, daß in erster Linie das Streben, Sicherheit für die Güte der Ware zu erlangen, zum gemeinsamen Bezuge führte. Durch den Bezug im großen sollte die regelmäßige Nachuntersuchung wirtschaftlich ermöglicht und damit eine Qualitätsverbesserung durchgesetzt werden. Erst in zweiter Linie stand der Gesichtspunkt, durch gemeinsamen Bezug auch hinsichtlich der Preis-

[1] Mueller, Die geschichtliche Entwicklung des landwirtschaftlichen Genossenschaftswesens in Deutschland. Leipzig 1901. S. 170.

und sonstigen Kaufbedingungen möglichst vorteilhaft abzuschließen. Zur Durchführung des gemeinsamen Bezuges bildeten sich besondere Genossenschaften, oder bestehende landwirtschaftliche Vereine übernahmen diese neue, zeitgemäße Aufgabe. Die Bildung besonderer Bezugsgenossenschaften scheint nach Muellers Darstellung zuerst im Großherzogtum Hessen erfolgt zu sein. Hier wurde schon 1852 der erste landwirtschaftliche Konsumverein in einem Odenwalddorf — in Kirchbrombach — errichtet. Das Beispiel wirkte anregend auf andre Bezirke des Großherzogtums, so daß Anfang der 70er Jahre dort 15—18 landwirtschaftliche Konsumvereine gezählt wurden. Häufiger war indes, daß landwirtschaftliche Orts- und Bezirksvereine — in den Rheingegenden vielfach Kränzchen, Kasinos genannt — nebenbei den gemeinsamen Bezug übernahmen. Wurden doch im Großherzogtum Hessen im Jahre 1870 schon 72 derartige Vereine ermittelt, von denen sich mehr als die Hälfte mit dem gemeinsamen Bezuge befaßte. Ähnlich war die Entwicklung in anderen Bezirken West- und Süddeutschlands. In der Rheinprovinz wirkte der Landwirtschaftliche Verein für Rheinpreußen seit den 60er Jahren eifrig für die Ausbreitung des gemeinsamen Bezuges. Auf seine Anregung hin entstand eine stattliche Zahl besondrer landwirtschaftlicher Konsumvereine. So konnte Havenstein in seiner Festschrift zum 50jährigen Bestehen des genannten Vereins für das Jahr 1883 schon 71 landwirtschaftliche Konsumvereine verzeichnen. Verbreiteter war indes auch hier der gemeinsame Bezug durch die Ortsvereine (Kasinos). Deren gab es im Jahre 1882 bereits 279, von denen sich ein großer Teil mit dem gemeinsamen Bezuge befaßte. Das vom Großherzogtum Hessen und der Rheinprovinz gegebene Vorbild wirkte anregend auf benachbarte und späterhin auch auf entferntere Gebiete. Zunächst in der Rheinpfalz, in Baden, Kurhessen, Württemberg, Nassau, dann in Hannover, Oldenburg, Schleswig-Holstein, Königreich Sachsen entstanden seit den 70er oder 80er Jahren besondere örtliche Bezugsgenossenschaften. In den östlichen Provinzen Preußens setzte hingegen die Bewegung erst später und, wie wir sehen werden, in veränderten Formen ein.

Das Wesen des genossenschaftlichen Zusammenschlusses mußte über die Bildung örtlicher Bezugsvereine hinausführen. Die vereinzelte örtliche Genossenschaft oder ein Ortsverein sind bei ihrem vergleichsweise geringen Bedarf außerstande, einen fühlbaren Einfluß auf Preis- und Lieferungsbedingungen auszuüben. Es war darum eine naheliegende

Fortbildung des genossenschaftlichen Gedankens, die örtlichen Genossenschaften und Vereine zu größeren, territorialen Zentralen zusammenzufassen. Auch hier ist das Großherzogtum Hessen vorbildlich vorangegangen unter der Führung des späteren Begründers und Leiters des heutigen Reichsverbandes der deutschen landwirtschaftlichen Genossenschaften, des im Jahre 1913 verstorbenen Wilhelm Haas-Darmstadt. Auf seine Anregung schlossen sich im Jahre 1873 die in Hessen bestehenden landwirtschaftlichen Bezugsgenossenschaften zum Verband der hessischen landwirtschaftlichen Konsumvereine zusammen. Neben der Pflege und Wahrung allgemeiner genossenschaftlicher Interessen übernahm der Verband die Vermittelung gemeinsamer Bezüge, zunächst von Kohlen, später von Kunstdünger und Futtermitteln. Die Entwicklung des Verbandes zeigt einen raschen Aufschwung. Er zählte bei seiner Gründung 15, im Jahre 1878 bereits 66, 1883 schon 132 Genossenschaften. Der Wert des von ihm bewirkten Warenbezuges betrug:

1875:	210 000	Mark
1879:	260 000	„
1882:	1 010 000	„

Nach dem hessischen Vorbild kam es in den 70 er Jahren, namentlich anfangs der 80 er Jahre in Baden, Oldenburg, Königreich Sachsen, Rheinpfalz und Schleswig-Holstein zum verbandlichen Zusammenschluß der dort entstandenen landwirtschaftlichen Konsumvereine. Die Verbände verfolgten die gleichen Zwecke wie der hessische Konsumvereinsverband, insbesondre wirkten sie als Zentralstellen für den gemeinsamen Bezug.

Die Errichtung besondrer Bezugsgenossenschaften und ihr Zusammenschluß zu territorialen Verbänden war und bildet auch heute noch ein kennzeichnendes Merkmal der im Reichsverband der deutschen landwirtschaftlichen Genossenschaften geeinten genossenschaftlichen Richtung. Sie unterschied sich darin grundsätzlich von der durch Raiffeisen begründeten Genossenschaftsorganisation — dem heutigen Generalverband ländlicher Genossenschaften für Deutschland. Aus einer Reihe praktischer Gründe erachtete Raiffeisen die Errichtung besondrer Bezugsgenossenschaften für entbehrlich und wies den gemeinsamen Bezug als Nebenaufgabe den ländlichen Spar- und Darlehnskassen (Raiffeisenvereinen) zu. Schon im Kriegsjahre 1870/71 nahmen etwa 20 Darlehnskassenvereine der rheinischen Kreise Neuwied und Altenkirchen den gemeinsamen Warenbezug auf. Ihrem Beispiel folgte die Mehrheit der Raiffeisenkassen. Dem auch hier bald entstandenen Bedürfnis nach einer zentralen Vermittlung kam seit 1880 der Anwaltschaftsverband ländlicher Genossenschaften zu Neuwied entgegen. Er vermittelte an die ihm angeschlossenen Kassen

1880:	für	58 560	Mk.
1881:	„	72 758	„
1882:	„	141 293	„
1883:	„	159 795	„

Im Jahre 1883 übertrug der Anwaltschaftsverband das Bezugsgeschäft auf die von Raiffeisen begründete offene Handelsgesellschaft Raiffeisen und Konsorten. Es war das eine von Raiffeisen und seinen Mitarbeitern als Teilhabern errichtete, formell rein private Handelsfirma, die indes tatsächlich ganz im Dienst der Raiffeisenorganisation stand. In ihren Händen lag bis zum Jahre 1899 die zentrale Warenvermittlung, dann ging diese auf die Geldzentrale der Raiffeisenorganisation — die Landwirtschaftliche Zentraldarlehnskasse für Deutschland — über. So zeigte auch die Warenvermittlung der Raiffeisenorganisation das kennzeichnende Merkmal einer Zentralisation über ganz Deutschland und unterschied sich hierin von der territorialen (Provinziallandes-) Verbandsgliederung und Warenvermittlung im heutigen Reichsverband. Das Bedürfnis nach einer territorialen Gliederung machte sich jedoch mit steigendem Umfang des Geschäftes immer mehr geltend. Infolgedessen ging seit dem 1. Januar 1895 die Firma Raiffeisen und Konsorten zur Gründung von Filialen und Geschäftsstellen über, die in der Regel denselben Sitz hatten wie die Filialen der Zentraldarlehnskasse.

Wie erwähnt, hatten neben bzw. vor den Genossenschaften vielfach die landwirtschaftlichen Vereine den gemeinsamen Warenbezug zu ihrer Aufgabe gemacht. Es war daher naheliegend, daß auch deren Zentralstellen die gemeinsame Warenvermittlung in die Hand nahmen. Seit Anfang der 80 er Jahre betätigten sich die christlichen Bauernvereine in Westfalen, Baden, in der Rheinpfalz auf diesem geschäftlichen Gebiete. Ihrem Beispiel folgte die im Jahre 1884 begründete Deutsche Landwirtschaftsgesellschaft. Zweck dieser Gesellschaft ist die umfassende, auf alle Gebiete sich erstreckende Förderung der deutschen Landwirtschaft in technischer Hinsicht. In Verfolgung dieses Zweckes wurde schon bei der Begründung der Gesellschaft die Dünger- (Kainit) Abteilung gebildet mit der Aufgabe, alle Erfahrungen auf dem Gebiete der Düngerwirtschaft zu sammeln, Anregungen für wissenschaftliche Forschungen und praktische Feldversuche zu geben und andrerseits die Vermittlung eines sicheren und preiswürdigen Bezuges zu übernehmen. Wie in dem Namen der Abteilung zum Ausdruck gebracht ist, richtete sie ihre Tätigkeit zu Anfang in erster Linie auf die Förderung der Kalidüngung, erweiterte sie jedoch bald auf alle Fragen der Düngung. Ihrer regen wissenschaftlichen und praktischen Propaganda ist die gesteigerte Verwendung künstlicher Düngemittel, vor allem des Kalis, ganz wesentlich mitzuverdanken. Weiter ist es ihr Verdienst, den Abschluß fester Verträge zwischen den landwirtschaftlich-genossenschaftlichen Körperschaften und dem Kalisyndikat bewirkt zu haben. Der Kaliabsatz der Bezugszentralen erfuhr dadurch eine nachhaltige Förderung und bildete eine sichere Grundlage für die Entwicklung andrer Zweige des Bezugsgeschäftes. Deutlich kommt diese Entwicklung in den Umsätzen der Dünger- (Kainit) Abteilung der Deutschen Landwirtschaftsgesellschaft selbst zum Ausdruck. Es betrug ihr Absatz

	insgesamt	hierunter Kalisalze	hierunter Thomasmehl
1885:	136 635 dz	110 508 dz	26 127 dz
1894:	3 182 549 „	2 695 543 „	314 816 „

Wenn auch die Mitgliederziffer der Deutschen Landwirtschaftsgesellschaft von 2500 am 1. Oktober 1885 auf 11052 am 1. Oktober 1894, also um mehr als das Vierfache gestiegen war, so blieb diese Zunahme doch sehr weit hinter der das 23 fache betragenden Vermehrung des Kaliabsatzes zurück. Aus ähnlichen praktischen, wie ideellen Gründen schritt die Gesellschaft zur Errichtung einer Saatstelle im Jahre 1889, einer Futterstelle im Jahre 1901. Auch diese Abteilungen haben sich erfolgreich entwickelt, wenn auch nicht in dem Grade wie die Düngerabteilung. Es betrug der Absatz der Saatstelle:

1889:	148 878	dz	im Werte von	366 048	Mk.
1905:	414 468	„	„ „ „	1 095 538	„
1910:	632 000	„	„ „ „	1 671 073	„
1913:	—	„	„ „ „	2 238 418	„

derjenige der Futterstelle:

1901:	284 545	dz	im	Werte	von	3 101 457	Mk.
1909:	170 229	„	„	„	„	2 289 552	„
1913:	–	„	„	„	„	2 300 012	„

Der Vermittlungswert der von der Deutschen Landwirtschaftsgesellschaft abgesetzten Düngemittel betrug im Jahre 1913 17 621 075 Mk.

Im Jahre 1915 stieg dieser Wert bei Düngemitteln auf über 25 000 000 Mk.

Obgleich durch die Bestimmungen des Kaligesetzes Rückvergütungen an die einzelnen Bezieher von Kalisalzen verboten wurden, konnte die Deutsche Landwirtschaftsgenossenschaft doch durch den gemeinsamen Bezug für ihre Abnehmer an anderem Dünger, Futterstoffen usw. folgende Rückvergütungen gewähren:

im	Jahre	1911:	66 487	Mk.
„	„	1912:	79 393	„
„	„	1913:	146 401	„
„	„	1914:	165 944	„

Hierzu kommen noch die Vorteile, welche die Garantie für die gute Beschaffenheit der Lieferungen durch die Untersuchungen bietet.

Ähnlich hat der im Jahre 1893 begründete Bund der Landwirte alsbald nach seiner Errichtung den gemeinsamen Warenbezug für seine Mitglieder und die seinem Revisionsverband angeschlossenen Genossenschaften aufgenommen. Es hat nicht an Stimmen gefehlt, die in einer solchen Geschäftstätigkeit des Bundes eine seinen eigentlichen wirtschaftspolitischen Zwecken fernliegende Aufgabe erblickten und von ihr überdies eine Störung des organischen genossenschaftlichen Aufbaues befürchteten. Die Leitung des Bundes hat demgegenüber geltend gemacht, daß sie die Bezugsvermittlung auf ausdrücklichen Wunsch ihrer Mitglieder übernommen habe und durch vertragliche Abmachungen mit dem früheren Bauernbund dazu sogar verpflichtet gewesen sei. Die formalrechtlichen Bedenken der Verquickung wirtschaftspolitischer mit geschäftlichen Zwecken behob der Bund durch die im Jahre 1896 erfolgte Begründung einer besonderen Gesellschaft, der Verkaufsstelle des Bundes der Landwirte G. m. b. H. Die Entwicklung dieser Verkaufsstelle mit ihren Nebenabteilungen zeigt gleichfalls einen unausgesetzten Aufschwung. Es betrug ihr Absatz:

1904:	5,3 Millionen Mk.
1909:	10,4 „ „
1913:	14,8 „ „

Zwischen den beiden großen landwirtschaftlichen Körperschaften einerseits — der Deutschen Landwirtschaftsgesellschaft, sowie dem Bund der Landwirte — und den genossenschaftlichen Bezugszentralen andrerseits hat sich dabei in gewisser Hinsicht eine Art Arbeitsteilung herausgebildet. Jene finden ihre Abnehmer vornehmlich oder doch vielfach unter den Großgrundbesitzern und großbäuerlichen Landwirten. Der Bedarf dieser Kreise geht über den Verbrauch der mittleren und kleinen Landwirte häufig um ein Vielfaches hinaus, so daß ihnen der Anschluß an eine örtliche Genossenschaft entbehrlich erscheint. Sie beziehen daher sehr häufig von der Deutschen Landwirtschaftsgesellschaft und der Verkaufsstelle des Bundes der Landwirte. Umgekehrt findet die genossenschaftliche Bezugsorganisation ihre Hauptabnehmer in den kleinen und mittleren Landwirten. Indes ist und kann diese Scheidung keine strenge sein. An kleinen Reibungen zwischen den landwirtschaftlichen und den genossenschaftlichen Bezugsorganisationen hat es daher hier und da nicht gefehlt. Wie oft im Wirtschaftsleben hat ein solcher Wettbewerb zweifellos in mancher Hinsicht nützlich gewirkt. Er hat zur äußeren Ausbreitung des gemeinsamen Bezuges sicherlich beigetragen, in gewisser Beziehung auch zu einer inneren Vervollkommnung. Die Schattenseiten eines jeden Wettbewerbes — gegenseitiges Unterbieten, Zeit-, Kraft-, Geldvergeudung — konnten andrerseits zeitweise nicht ausbleiben. Im großen ganzen hat sich indes der Wettbewerb, der sich übrigens auch öfters zwischen den in denselben Provinzen und Staaten nebeneinander bestehenden Genossenschaftsverbänden zeigte, doch als nützlich erwiesen. Gerade bei der passiven Natur der deutschen Landbevölkerung wirkte er als ein fördernder Ansporn.

In der vorstehend in großen Umrissen geschilderten Entstehung der gemeinsamen, insonderheit der genossenschaftlichen Bezüge hat das Genossenschaftsgesetz vom 1. Mai 1889 eine bemerkenswerte Änderung bewirkt. Das genannte Gesetz erklärte die Bildung von aus Genossenschaften bestehenden Zentralgenossenschaften für zulässig. Dadurch wurde eine zweckmäßige Arbeitsteilung zwischen den allgemeinen Aufgaben der Genossenschaftsverbände und der geschäftlichen Tätigkeit ermöglicht. Die Verbände wurden von letzterer — Geldausgleich, Warenvermittlung — entlastet. Sie konnten sich nunmehr mit gesteigerter Kraft der Pflege allgemeiner genossenschaftlicher Interessen, namentlich der Revision der ihnen angeschlossenen Genossenschaften widmen. Ihre bisherige geschäftliche Tätigkeit übertrugen sie auf die neugebildeten Zentralgenossenschaften. Diese wirtschaftliche Wirksamkeit gewann ihrerseits durch die zweckmäßigere rechtliche Organisation und die leistungsfähigere wirtschaftliche Grundlage der Zentralgenossenschaften. Die Gesetzesänderung erlangte besondere Bedeutung für die im heutigen Reichsverband der deutschen landwirtschaftlichen Genossenschaften geeinten Organisationen — für die frühere Vereinigung deutscher landwirtschaftlicher Genossenschaften, wie sie im Jahre 1883 durch den Zusammenschluß der territorialen Konsum- und Molkereigenossenschaftsverbände gebildet worden war. Hier entstanden in den Jahren nach Erlaß des Gesetzes fast in allen territorialen Verbandsbezirken neben genossenschaftlichen Geldzentralen besondre Zentralgenossenschaften für den gemeinsamen Warenbezug. Ihre Firmen lauten ziemlich mannigfaltig: Landwirtschaftliche Hauptgenossenschaft, Zentralgenossenschaft, Zentral-Ein- und Verkaufsgenossenschaft, Hauptbezugs- und Absatzgenossenschaft und ähnlich. Im Neuwieder Generalverband ländlicher Genossenschaften für Deutschland (Raiffeisen) blieb es noch zwei Jahrzehnte nach Erlaß des Gesetzes bei der geschilderten Organisation — Zentralisation der Bezüge bei der Firma Raiffeisen und Konsorten, seit 1895 Errichtung provinzieller Filialen bzw. Geschäftsstellen, seit 1899 Übergang des Warengeschäftes auf die Landwirtschaftliche Zentraldarlehnskasse für Deutschland. Eine einschneidende Änderung in der Richtung gesteigerter Dezentralisation brachten erst die Jahre 1909 und 1910. Damals vollzog sich bei der Zentraldarlehnskasse die Abtrennung des Geldverkehrs vom Warenverkehr. Der Warenverkehr sollte in den 12 Neuwieder Verbandsbezirken von besondren in der Rechtsform der Genossenschaft, der Gesellschaft mit beschränkter Haftung oder der Aktiengesellschaft errichteter Zentralgeschäftsanstalten übernommen werden. Diese Entwicklung ist zurzeit jedoch erst in sieben Neuwieder Verbandsbezirken zum Abschluß gekommen. In den übrigen 5 Bezirken arbeiten noch die Warenabteilungen (Filialen) der Landwirtschaftlichen Zentraldarlehnskasse für Deutschland.

Die Bildung besondrer territorialer Bezugszentralen, wie sie zunächst im heutigen Reichsverband der deutschen landwirtschaftlichen Genossenschaften erfolgte, konnte noch nicht den organisatorischen Abschluß des gemeinsamen Bezuges darstellen. Die folgerichtige Durchführung des Genossenschaftsgedankens mußte vielmehr dahin führen, die territorialen Verbandszentralen ihrerseits zu einer Zentralstelle zusammenzufassen. Zunächst geschah das für den Kalibezug. Das war keine Zufälligkeit, sondern die Folge der im Kalisyndikat vorhandenen Zentralisation des Absatzes. Sie wies auf den einheitlichen Bezug durch die zentralen landwirtschaftlich-genossenschaftlichen Körperschaften hin. Demgemäß übernehmen seit den 80 er Jahren neben der Deutschen Landwirtschaftsgesellschaft die damalige Vereinigung deutscher landwirtschaftlicher Genossenschaften, die Firma Raiffeisen und Konsorten und die christlichen Bauernvereine die zentrale Vermittlung der Kalisalzbezüge. Aus ähnlichen Gründen erfolgte einige Jahre später eine Zentralisation der Thomasmehlbezüge. Wie der Kaliabsatz, so war auch der Absatz von Thomasmehl nahezu lückenlos in einem Syndikat, dem Verein der deutsch-österreichischen Thomasphosphatfabriken zusammengeschlossen. Die Vereinigung der Produzenten drängte zu einer solchen der landwirtschaftlichen Verbraucher. Eine besondre Belebung erfuhren diese Bestrebungen durch den im Jahre 1897 entbrannten Thomasmehlkrieg. Damals kam es zwischen dem Thomasmehlsyndikat und den landwirtschaftlich-genossenschaftlichen Körperschaften zu Differenzen hinsichtlich der Preise. Sie führten zum Ausbruch einer offenen Fehde, zum Boykott des Thomasmehls und bewirkten bei den beteiligten Körperschaften die Erkenntnis, daß eine einheitliche starke Bezugsorganisation der Verbraucher dringend not tue. Demgemäß erfolgte im Juni 1897 die Begründung der „Bezugsvereinigung der deutschen Landwirte" als einer Zentralstelle für den gemeinsamen Thomasmehlbezug. Der als Gesellschaft mit beschränkter Haftung errichteten Zentrale schlossen sich als Gesellschafter an neben den Zentral-Ein- und Verkaufsgenossenschaften des heutigen Reichsverbandes die Landwirtschaftliche Zentraldarlehnskasse für Deutschland in Neuwied, die Deutsche Landwirtschaftsgesellschaft, die Verkaufsstelle des Bundes der Landwirte, sowie eine Reihe christlicher Bauernvereine. Zu ihrem Vorsitzenden wurde Haas gewählt. Die Zentrale befand sich daher an dem jeweiligen Sitz des Reichsverbandes, zunächst in Offenbach a. M., später in Darmstadt, seit dem Tode von

Haas im Jahre 1913, in Berlin. Die Bezugsvereinigung hat in ständig aufstrebender Entwicklung ihren Absatz an Thomasmehl auf 90 527 Waggons im Werte von 40 Millionen Mark gesteigert, das sind etwa 37 % des Thomasmehlverbrauches in Deutschland. Sie hat zugleich die Interessen der deutschen Landwirte am Thomasmehlbezug sowohl bei den alljährlichen Vertragsabschlüssen wie im laufenden Geschäft wirksam wahrgenommen. Ihre durch die Praxis erwiesene Bewährung und ihre fast sämtliche Bezugskörperschaften umfassende Zusammensetzung gaben den berechtigten Anlaß, ihr im gegenwärtigen Weltkrieg neue gewaltige Aufgaben zuzuweisen.

Entstehung und erfolgreiche Entfaltung der zentralen Bezugsorganisationen für Kalisalze und Thomasmehl waren, wie betont, durch die Syndikatseigenschaft dieser Düngermittel angeregt und erleichtert worden. Versuche, den Bezug andrer landwirtschaftlicher Bedarfsartikel zu zentralisieren, hatten nicht ein gleich günstiges Ergebnis. Das gilt besonders von den dahinzielenden Bestrebungen im Reichsverband. Aus den Reihen seiner provinziellen Zentral-Ein- und Verkaufsgenossenschaften wurde 1897 in Hamburg die Großhandelsgesellschaft der deutschen landwirtschaftlichen Ein- und Verkaufsgenossenschaften gegründet. Sie sollte dem einheitlichen Einkauf namentlich von Überseeartikeln dienen. Ihre Geschäfte gingen 1902 auf die Warenabteilung der neubegründeten Geldzentrale des Reichsverbandes — die Landwirtschaftliche Reichsgenossenschaftsbank über. Die Entwicklung des zentralen Warenbezuges entsprach nicht den gehegten Erwartungen. Nur wenige der territorialen Zentraleinkaufsgenossenschaften bezogen von der Hamburger Geschäftsstelle. Die meisten hielten sich fern, weil sie beim selbständigen Einkauf ebenso gut zu fahren glaubten. Der Geschäftsumfang der Hamburger Warenabteilung blieb daher ein bescheidener. Als sich ihre Leitung in der Folge zu verlustbringenden Spekulationsgeschäften verlocken ließ, kam es 1908 zur Auflösung dieser Abteilung. Der Versuch einer allgemeinen Warenzentrale war damit gescheitert, doch erhielten sich dahingehende Bestrebungen für einzelne Artikel. Zunächst ist der Kohlenbezug zu erwähnen. Seit dem Kohlennotjahr 1900 hat der Reichsverband — später seine geschäftliche Zentrale, die Reichsgenossenschaftsbank — Abschlüsse mit den fiskalischen Kohlenzechen in Oberschlesien und im Saargebiet betätigt. Namentlich die östlichen Zentral-Ein- und Verkaufsgenossenschaften haben sich hieran in umfangreicher Weise beteiligt.

Des weiteren begründete der Reichsverband 1908 in seiner Maschineneinkaufszentrale eine Zentralstelle für den gemeinsamen Maschinenbezug. Schließlich ist es im Jahre 1910 zu einer einheitlichen festen Organisation auf dem Gebiete des Kalibezuges gekommen. Der früher durch den Reichsverband vermittelte Bezug von Kalisalzen wurde im Juli 1910 auf die von den provinziellen Zentral-Ein- und Verkaufsgenossenschaften des Reichsverbandes begründete Kalibezugsgesellschaft des Reichsverbandes der deutschen landwirtschaftlichen Genossenschaften, eine Gesellschaft mit beschränkter Haftung, übertragen. Diese hat sich ihrerseits mit der Deutschen landwirtschaftlichen Einkaufsvereinigung, Gesellschaft m. b. H. — gebildet von der Deutschen Landwirtschaftsgesellschaft und der Verkaufsstelle des Bundes der Landwirte — zu einer weiteren Gesellschaft vereinigt — der Landwirtschaftlichen Düngerbezugsgesellschaft m. b. H. zu Berlin. Es sind hierdurch die großen landwirtschaftlichen Körperschaften zu einer einzigen Bezugszentrale zusammengefaßt und damit ist eine erhöhte Gewähr für eine einheitliche wirkungsvolle Interessenvertretung der Kalikonsumenten erreicht worden.

Das Bedürfnis nach einer weitergehenden Zentralisation tritt endlich noch in der Schöpfung einer neuen Warenzentrale seitens der Raiffeisenorganisation zutage. Die Anregung dazu gaben die Verhältnisse im Maschinenhandel. Im Jahre 1913 hatte sich das Ausscheiden der Raiffeisenverbände aus dem Reichsverband vollzogen, dem die Raiffeisenorganisation von 1905—1913 angehört hatte. Die Folge war, daß auch die bisher durch die Maschineneinkaufszentrale des Reichsverbandes besorgte Maschinenvermittlung für die provinziellen Warenzentralen der Raiffeisenorganisation aufhörte. So stellte sich zunächst für diesen Geschäftszweig das Bedürfnis nach einer zentralen Vermittlungsstelle heraus. Im Juli 1914 gründeten daher die selbständigen Wareninstitute gemeinsam mit der Landwirtschaftlichen Zentraldarlehnskasse die Handelszentrale der Raiffeisenorganisation, Gesellschaft mit beschränkter Haftung. Nach dem Gesellschaftsvertrag ist der Gegenstand des Unternehmens „der Einkauf landwirtschaftlicher Bedarfsartikel, insbesondre landwirtschaftlicher Maschinen und der Verkauf landwirtschaftlicher Erzeugnisse“. Die Gesellschaft wurde mit einem zunächst bescheidenen Stammkapital von 30 000 Mk. errichtet. Der Ausbruch des Krieges hat ihren weiteren Ausbau vorerst unterbunden. Sie beschränkte ihre Tätigkeit auf den Abschluß von Maschinenlieferungsverträgen und bemühte sich um den Bezug eines billigen, auch für kleinbäuerliche Verhältnisse verwendbaren Motorpfluges.

In der vorstehend in großen Zügen geschilderten Entwicklung der gemeinsamen Bezugsorganisation der deutschen Landwirte hat der Weltkrieg mancherlei Wandlungen hervorgerufen, für deren Darstellung hier der Raum fehlt.

2. Rechtliche und wirtschaftliche Organisation des gemeinsamen Bezuges.

Wie die vorangegangenen Ausführungen schilderten, vermitteln Genossenschaften und landwirtschaftliche Körperschaften nebeneinander den gemeinsamen Bezug. Sowohl ihrer absoluten Verbreitungsziffer nach, wie hinsichtlich des Umfangs ihrer Geschäfte, stehen die genossenschaftlichen Bezugsorganisationen obenan. Den Unterbau des genossenschaftlichen Bezuges bilden die besondren landwirtschaftlichen Bezugsgenossenschaften oder die ländlichen Spar- und Darlehnskassen. Die Bildung besondrer Bezugsgenossenschaften stellt eine programmatische Eigenart des Reichsverbandes der deutschen landwirtschaftlichen Genossenschaften dar. Schon das Darmstädter Programm vom Jahre 1890 bringt das zum Ausdruck, wenn es dort heißt: „Es ist zu widerraten, daß durch ein und dieselbe Genossenschaft verschiedenartige Zwecke als Gegenstände des Unternehmens vorgesehen und verfolgt werden." Demgemäß haben sich der Reichsverband und seine Verbände — namentlich die älteren, die ursprünglich öfters als reine Konsumvereinsverbände begründet worden waren — die Errichtung besondrer Bezugsgenossenschaften angelegen sein lassen. Die Folge ist, daß 75 % aller im Deutschen Reich vorhandenen Bezugsgenossenschaften — 2225 von 2797 — dem Reichsverband angehören. Ihr Hauptverbreitungsgebiet ist fast ausschließlich das westliche und südwestliche Deutschland. Auf Schleswig-Holstein, Hannover, Oldenburg, Westfalen, Rheinprovinz, Hessen-Nassau, Hessen, Baden und die Rheinpfalz entfallen nicht weniger als 2210 Genossenschaften der Art, also etwa 75 % des Gesamtbestandes. Das Fehlen oder die geringe Verbreitung von Bezugsgenossenschaften in anderen Gebieten erklärt sich zum Teil daraus, daß dort die Spar- und Darlehnskassen den gemeinsamen Bezug nebenher betreiben. Des weiteren hat sich in Gebieten mit stärker verbreitetem Großgrundbesitz ein umfangreicher Bezug von der Deutschen Landwirtschaftsgesellschaft, der Verkaufsstelle des Bundes der

Landwirte, aber auch direkt von den provinziellen Zentral-Ein- und Verkaufsgenossenschaften entwickelt. Fernerhin ist häufig, namentlich im preußischen Osten, die Bildung von Bezugsgenossenschaften für die Kreise oder andere größere Gebiete erfolgt. Systematisch ist eine solche Organisation in der Provinz Pommern durchgeführt worden. Hier sind in 22 von den vorhandenen 25 politischen Kreisen besondre Kreis-Ein- und Verkaufsvereine errichtet worden. Ihnen gehören die größeren Besitzer unmittelbar an, die mittleren und kleinen mittelbar durch das Bindeglied der Spar- und Darlehnskassen. Die überwiegende Mehrheit der Bezugsgenossenschaften beschränkt indes ihre Geschäftstätigkeit auf ein räumlich eng begrenztes Gebiet — auf ein Dorf oder einige benachbarte Ortschaften, wie dies aus den Angaben über die durchschnittliche Mitgliederziffer hervorgeht. Nach dem Jahrbuch des Reichsverbandes für 1914 betrug Ende 1913 die Mitgliederziffer bei 2123 Bezugsgenossenschaften 199 818, also durchschnittlich nur 94.

Die rechtliche Organisation der Bezugsgenossenschaften ist im einzelnen durch die Bestimmungen des Genossenschaftsgesetzes und der Satzung geregelt, die sich zumeist den von den Verbänden herausgegebenen Mustersatzungen eng anschließen. Die Satzung enthält in der Hauptsache allgemein-genossenschaftsrechtliche Bestimmungen, von deren Wiedergabe an dieser Stelle Abstand genommen werden darf. Zum größten Teil — nämlich mit 53,5 % — haben die Bezugsgenossenschaften die beschränkte Haftpflicht gewählt. Immerhin ist die unbeschränkte Haftpflicht mit 46,4 % noch stark verbreitet, während die unbeschränkte Nachschußpflicht nur bei drei Genossenschaften besteht. Im allgemeinen genügt die Wahl der beschränkten Haftpflicht, um die Erlangung eines ausreichenden Betriebskredites zu sichern. Bei der vorhandenen engen räumlichen Begrenzung der Bezugsgenossenschaften ist das erforderliche Betriebskapital kein sehr erhebliches. Es betrug bei den Bezugsgenossenschaften des Reichsverbandes durchschnittlich 37 118 Mk., so daß bei angemessener Festsetzung der Haftsummen auch die beschränkte Haftpflicht den Gläubigern eine genügende Sicherheit bietet. Daß immerhin noch 46,4 % der Bezugsgenossenschaften an der unbeschränkten Haftpflicht festgehalten haben, erklärt sich teils aus deren Errichtung vor dem Erlaß des Genossenschaftsgesetzes von 1889, das die beschränkte Haftpflicht erst rechtlich zuließ, zum anderen aus dem traditionellen Verharren bei der als gewohnt übernommenen unbeschränkten Haftpflicht.

Die finanzielle Grundlage für die Geschäftstätigkeit der Bezugsgenossenschaften bildet, wie für jede Genossenschaft, das eigne und das fremde Vermögen. Das eigne Vermögen setzt sich aus den Geschäftsguthaben und den Reserven zusammen. Die Geschäftsguthaben — das sind die Einzahlungen der Mitglieder auf den Geschäftsanteil bzw. auf mehrere — betrugen Ende 1913 bei 2168 zur Statistik berichtenden Bezugsgenossenschaften des Reichsverbandes insgesamt 3,98 Mill. Mk. Das sind 1838 Mk. für jede Genossenschaft oder nur 16 Mk. für jedes Mitglied. Die Kapitalbeteiligung der Mitglieder ist demnach eine sehr bescheidene. An steten Mahnungen der Genossenschaftsverbände, die Geschäftsanteile und die Einzahlungen hierauf zu erhöhen, fehlt es daher nicht. Wesentlich höher sind die Reserven, welche aus den jährlichen Reingewinnen angesammelt wurden. Sie bezifferten sich Ende 1913 auf 9,59 Mill. Mk., so daß das eigne Vermögen die Höhe von 13,57 Mill. Mk. insgesamt erreichte. Es blieb trotzdem stark hinter dem Umfang des fremden Vermögens — 67,05 Mill. Mk. — zurück. Wie die Mehrheit aller Genossenschaftsarten arbeiten also auch die Bezugsgenossenschaften überwiegend mit fremdem Betriebskapital — mit dem Kredit ihrer Lieferanten — das ist die Zentral-Ein- und Verkaufsgenossenschaft — bzw. der genossenschaftlichen Zentralkasse, der örtlichen Spar- und Darlehnskasse und etwaiger sonstiger Kreditgeber. In welchem Umfang diese verschiedenen Klassen von Gläubigern an der Kreditgewährung beteiligt sind, darüber fehlen statistische Feststellungen.

Neben den besondren Bezugsgenossenschaften betreiben Tausende ländlicher Spar- und Darlehnskassen zugleich den gemeinsamen Bezug. Bei den Kassen der Raiffeisenorganisation ist das die Regel. Raiffeisen erachtete aus praktischen Gründen die Errichtung besondrer Bezugsgenossenschaften für entbehrlich, und diesem Grundsatz ihres Stifters ist die Raiffeisenorganisation treu geblieben. Nur vereinzelt sind innerhalb des Generalverbandes ländlicher Genossenschaften Bezugsgenossenschaften gebildet worden. Ende 1913 gehörten ihm zwar 69 An- und Verkaufsgenossenschaften an, doch handelt es sich dabei nicht um reine Bezugsgenossenschaften, sondern um Kornlagerhäuser, die mit dem Absatz landwirtschaftlicher Erzeugnisse zugleich den gemeinsamen Bezug pflegen. In der Hauptsache liegt innerhalb der Raiffeisenorganisation das Bezugsgeschäft bei den Spar- und Darlehnskassen. Von 4415 zur Statistik berichtenden Kassen des Generalverbandes bewirkten 3911 gemeinsame Bezüge. Die Übernahme des Bezugsgeschäftes beschränkt sich gegenwärtig nicht mehr auf die Spar- und Darlehnskassen des Generalverbandes, eine derartige Entwicklung hat vielmehr auch im Reichsverband der deutschen landwirtschaftlichen Genossenschaften Platz gegriffen. Sie ergab sich aus praktischen Gründen. Gewiß bleibt unverkennbar, daß in rechtlicher und wirtschaftlicher Hinsicht die Errichtung besondrer Bezugsgenossenschaften vielfältige Vorteile für sich hat. Andrerseits sprechen eine Reihe gewichtiger Gründe für die Vereinigung des Warenbezuges mit dem Geld- und Kreditgeschäft. Bei der engen räumlichen Begrenzung der Spar- und Darlehnskassen kann ohne Gefahr für die Übersicht und die Gründlichkeit der Geschäftsführung der Warenbezug nebenher betrieben werden. Der Aufwand an persönlichen und materiellen Leistungen für die Begründung und Leitung einer zweiten Genossenschaft kann damit erspart werden. Um so mehr als wohl in den meisten Landgemeinden die Leitung beider Genossenschaften in denselben Händen liegen würde, da ein Überfluß an hierfür geeigneten und willfährigen Personen nicht vorhanden ist. In überwiegend ländlichen Bezirken sind des weiteren fast sämtliche Mitglieder einer Spar- und Darlehnskasse im Haupt- oder Nebenberuf Landwirte und daher am gemeinsamen Warenbezug interessiert. Sollte das bei einigen nicht der Fall sein, so bedeutet für diese das Warengeschäft kein Risiko. Bei sachgemäßer vorsichtiger Geschäftsführung ist das Entstehen von Verlusten aus dem Warengeschäft kaum zu befürchten. Im Gegenteil, zumeist wirft das Warengeschäft einen ansehnlichen Überschuß ab, der die Reserven der Kasse stärken hilft und damit mittelbar allen Kassenmitgliedern zugute kommt. Aus solchen praktischen Erwägungen haben zahlreiche Spar- und Darlehnskassen auch des Reichsverbandes den gemeinsamen Bezug übernommen. Dieser tatsächlichen Entwicklung hat der Reichsverband in seinen programmatischen Erklärungen Rechnung getragen. Auf dem Breslauer Genossenschaftstag im Jahre 1899 wurde die Übernahme des Bezuges durch die Kreditgenossenschaften dort gutgeheißen, „wo lokale Bezugsgenossenschaften fehlen oder nicht gegründet werden können". Dabei erschienen zwei Erfordernisse notwendig:

1. die Beschränkung der Kassen auf einen möglichst engen räumlichen Bezirk,

2. der Anschluß der betreffenden Kassen an eine genossenschaftliche Zentraleinkaufsstelle.

Demgemäß haben sich die Kassen des Reichsverbandes in immer größerer Zahl dem gemeinsamen Bezug zugewandt. Im Jahre 1912 waren 4375 Kassen — nahezu die Hälfte des Bestandes des Reichsverbandes an Kreditgenossenschaften — hieran beteiligt. Da ferner noch die Kassen einer Reihe andrer, weder dem Reichsverband noch dem Generalverband angeschlossener Revisionsverbände gemeinsame Bezüge vermitteln, so dürften vom gegenwärtigen Gesamtbestand an ländlichen Kreditgenossenschaften — am 1. Juni 1915: 17 777 — etwa zwei Drittel das Bezugsgeschäft pflegen. Neben den Spar- und Darlehnskassen haben noch andre Genossenschaftsarten den gemeinsamen Bezug übernommen. In erster Linie sind die Getreideverkaufs- (Kornhaus-, Lagerhaus-) genossenschaften zu nennen. Die Verbindung des Getreideverkaufs mit dem Bedarfsartikelbezug entsprach den Gepflogenheiten des privaten Getreidehandels. Sie kam dem Bedürfnis der Getreide anliefernden Landwirte entgegen, die als Rückfracht gleich die benötigten Bedarfsartikel mitnehmen. Nicht zuletzt bewirkte sie eine schätzenswerte finanzielle Stärkung der Getreideverkaufsgenossenschaften. Der Getreidehandel ist ein risikoreiches Geschäft, während der Bedarfsartikelbezug bei zweckmäßiger Handhabung, namentlich in Syndikatswaren, sichere Gewinne abzuwerfen pflegt. Fernerhin haben Molkereigenossenschaften häufig den Bezug von Futtermitteln, Winzergenossenschaften den von Düngemitteln, Rebstöcken, Bekämpfungsmitteln von Rebschädlingen übernommen, und in entsprechender Weise betätigen sich Eierverkaufs-, Geflügelzucht-, Viehverwertungs- und andere Genossenschaften. So sind Zahl und Art der dem gemeinsamen Bezug dienenden Genossenschaften außerordentlich hoch und mannigfaltig.

Zur wirksameren Erfüllung ihrer Ziele haben sich die örtlichen Genossenschaften zu zentralen Bezugsstellen zusammengeschlossen. Nahezu einheitlich ist eine solche Organisation im Reichsverband der deutschen landwirtschaftlichen Genossenschaften durchgeführt. Hier besteht mit einigen kleineren organisatorischen Abweichungen in jedem der territorialen (Provinziallandes-) Verbände eine Zentral-Ein- und Verkaufsgenossenschaft für den gemeinsamen Bezug. Mitglieder sind die den betreffenden Verbänden angeschlossenen, dem Warenbezug dienenden Genossenschaften. Demgemäß gehörten den 24 Zentral-Ein- und Verkaufsgenossenschaften des Reichsverbandes Ende 1914 als Mitglieder an:

4600 Spar- und Darlehnskassen,
1990 Bezugsgenossenschaften,
458 Molkereigenossenschaften,
378 sonstige Genossenschaften,
3338 Einzelmitglieder.

Dem Reichsverband gehörten Ende 1914 etwa 2230 Bezugsgenossenschaften an, so daß 90 % den Zentral-Ein- und Verkaufsgenossenschaften angeschlossen waren. In gleich starkem Maße haben sich die am Bezug beteiligten Spar- und Darlehnskassen den Zentralen angegliedert, da im Jahre 1912, wie wir sahen, 4375 Kassen den gemeinsamen Bezug pflegten. Für die Molkerei- und sonstigen Genossenschaften läßt sich der Prozentsatz ihrer Beteiligung bei den Zentralen nicht feststellen, da die Gesamtziffer der am Warenbezug interessierten Genossenschaften dieser Art nicht bekannt ist. Einer Erläuterung bedarf ferner die verhältnismäßig hohe Zahl von Einzelmitgliedern. Zum Teil handelt es sich dabei um Vorstands- und Aufsichtsratsmitglieder, welche aus genossenschaftlichen Gründen die direkte Mitgliederschaft erworben haben, in der Hauptsache aber um Großgrundbesitzer, Großpächter und großbäuerliche Landwirte. Diese haben, wie erwähnt, angesichts des erheblichen Umfanges ihres Bedarfs von einem Anschluß an örtliche Genossenschaften häufig Abstand genommen und sind unmittelbar Mitglieder der Zentral-Ein- und Verkaufsgenossenschaften geworden. Das gilt namentlich für die Zentralgenossenschaften in Ostpreußen, Posen, Schlesien und Brandenburg. Fast ausschließlich aus Großgrundbesitzern oder größeren Landwirten setzt sich der Mitgliederkreis der Landwirtschaftlichen Hauptgenossenschaft in Berlin zusammen. Ihr gehören bei einem Mitgliederbestand von 1247 nicht weniger als 1191 Einzelmitglieder an — große und mittlere Landwirte in Brandenburg, Mecklenburg, Posen und anderen östlichen Landesteilen. Auffällig könnte es erscheinen, daß in einer so ausgesprochenen Provinz des Großgrundbesitzes wie Pommern nur drei Einzelmitglieder der Pommerschen Landwirtschaftlichen Hauptgenossenschaft angeschlossen sind. Das erklärt sich aus der schon geschilderten Eigenart der Pommerschen Bezugsorganisation, dem Vorhandensein von Kreis-Ein- und Verkaufsvereinen, denen die Großgrundbesitzer direkt als Mitglieder angehören.

Von den 24 Zentraleinkaufsstellen des Reichsverbandes weisen 21 die Rechtsform der eingetragenen Genossenschaft auf, eine die der

Gesellschaft mit beschränkter Haftung, zwei die des rechtsfähigen Vereins. Das Betriebskapital der 24 Zentraleinkaufsstellen betrug Ende 1914 insgesamt 56,80 Mill. Mk.

Darunter befanden sich:

9,65	Mill.	Mk.	Geschäftsguthaben
8,09	„	„	Reserven
17,74	Mill.	Mk.	eignes Vermögen.

Das eigne Vermögen macht danach 31 % des gesamten Betriebskapitals aus. Es ist vergleichsweise fast doppelt so groß wie das der örtlichen Genossenschaften. Zentralgenossenschaften können eben ihre Mitglieder leichter von der Bedeutung eines eignen Vermögens in Form angemessen hoher Geschäftsanteile überzeugen, als Einzelgenossenschaften die ihrigen. Sie sind daher in der Bildung eines eignen Vermögens erfolgreicher.

Unter dem fremden Betriebskapital begegnen:

Schulden bei Lieferanten:	17,17	Mill.	Mk.
Schulden bei Banken:	12,90	„	„
Hypothekenschulden:	1,50	„	„
Sonstige Schulden:	7,49	„	„
	Sa. 39,06	Mill.	Mk.

Dieser Kredit war, abgesehen von den 17,74 Mill. Mk. eignen Vermögens, noch durch eine Gesamthaftsumme von 46 Mill. Mk. gedeckt.

Die Aktiven beliefen sich auf 59,68 Mill. Mk., und zwar:

Außenstände bei den Abnehmern	30,27	Millionen	Mark
Guthaben bei Banken	8,13	„	„
Inventarwert der Vorräte	8,74	„	„
Wert der Immobilien	6,12	„	„
Wertpapiere	2,08	„	„
Wechsel	0,98	„	„
Geschäftsguthaben bei anderen Genossenschaften	0,77	„	„
Wert des Inventars	0,32	„	„
Kasse	0,27	„	„
Sonstige Aktiva	2,00	„	„
	Sa. 59,68	Millionen	Mark.

Der vorstehend geschilderte Aufbau der zentralen Bezugsorganisation ist für die im Reichsverband vereinten Verbände kennzeichnend. In der zweiten zentralen Verbandsorganisation — dem Generalverband ländlicher Genossenschaften für Deutschland — war ursprünglich die Warenvermittlung einheitlich in der Firma Raiffeisen und Konsorten, später in der Landwirtschaftlichen Zentraldarlehnskasse zusammengefaßt. Die 1876 begründete Landwirtschaftliche Zentraldarlehnskasse in Neuwied, seit 1910 in Berlin, ist in erster Linie die Geldausgleichstelle der Raiffeisenorganisation. Sie übernahm erst später — im Jahre 1899 — von der Firma Raiffeisen und Konsorten die Warenvermittlung. Die Rechtsform der Aktiengesellschaft wurde gewählt, weil bei ihrer Errichtung im Jahre 1876 die Bildung von Zentralgenossenschaften rechtlich noch nicht zulässig war. Mitglieder sind ausschließlich die Raiffeisenvereine (Spar- und Darlehnskassen), die satzungsgemäß allein Aktionäre werden dürfen. Um zwecks Stärkung des eignen Kapitals auch andre mit der Zentraldarlehnskasse im Geschäftsverkehr stehende Genossenschaften finanziell heranzuziehen, wurde 1913 die Ausgabe von Obligationen beschlossen. Hiervon wurde infolge des Weltkrieges bisher ein nur geringer Gebrauch gemacht, da Ende 1914 erst für 104 000 Mk. Obligationen ausgegeben waren. Das Aktienkapital der Zentraldarlehnskasse betrug bis zum Jahre 1913 10 Mill. Mk., in diesem Jahre wurde es um 5 Mill. Mk., Ende 1915 um weitere 5 Mill. Mk. erhöht, so daß es nunmehr nominell 20 Mill. Mk. erreicht. Ende 1914 betrugen die Passiven (das Betriebskapital) 122,66 Mill. Mk., die sich in nachstehende Hauptposten gliederten:

Aktienkapital	12,45	Millionen Mark
Reserven	1,35	„ „
Spareinlagen	44,45	„ „
Einlagen in laufender Rechnung	57,68	„ „
Schulden bei Lieferanten	1,21	„ „
Sonstige Passiva	5,52	„ „
Sa.	122,66	Millionen Mark.

Die Aktiven weisen folgende Hauptposten auf:

Kasse	2,36	Millionen Mark
Bestand an Warenwechseln	3,37	„ „
Bankguthaben	5,28	„ „
Wertpapiere	7,80	„ „
Kontokorrentguthaben bei Raiffeisenkassen und sonstigen Schuldnern	91,98	„ „
Außenstände der Warenabteilung	3,93	„ „
Lagerbestände der Warenabteilung	1,18	„ „
Immobilien	2,02	„ „
Sonstige Aktiva	4,74	„ „
Sa.	122,66	Millionen Mark.

Da für die Warenabteilung eine Sonderbilanz nicht aufgestellt ist, so läßt sich ein näherer Einblick in deren Vermögenslage und finanziellen Aufbau nicht gewinnen. Die hier geschilderte zentrale Zusammenfassung der Bezugsorganisation im Generalverband erfuhr, wie im ersten Abschnitt bereits erwähnt, in den Jahren 1909 und 1910 eine Umgestaltung. Damals wurde die Abtrennung des Warenverkehrs vom Geldverkehr der Zentraldarlehnskasse beschlossen. Grundsätzlich sollte der Warenverkehr auf besondre, in den einzelnen Verbandsbezirken zu errichtende Warenzentralen übergehen. Bisher sind solche selbständige Wareninstitute erst in sieben Verbandsbezirken — Berlin, Braunschweig, Breslau, Danzig, Erfurt, Kassel und Koblenz — ins Leben gerufen worden. In den übrigen fünf Verbandsbezirken (Königsberg i. Ostpr., Frankfurt a. M., Ludwigshafen, Straßburg i. Els., Nürnberg) sind die Vorbereitungen noch nicht zum Abschluß gekommen. Teilweise fehlen auch noch die Voraussetzungen, welche eine dauernd nutzbringende Tätigkeit einer selbständigen Warenzentrale gewährleisten müssen. In diesen fünf Bezirken arbeiten daher auch gegenwärtig die Filialen der Warenabteilung bei der Landwirtschaftlichen Zentraldarlehnskasse.

Von den neubegründeten sieben selbständigen Warenzentralen haben fünf die Rechtsform der Gesellschaft mit beschränkter Haftung, je eine die der Aktiengesellschaft und Genossenschaft mit beschränkter Haftpflicht gewählt. Die Abweichung von der genossenschaftlichen Rechtsform erklärt sich aus rechtlichen und wirtschaftlichen Gründen. Neben ihren vielfältigen Vorzügen weist die genossenschaftliche Rechtsform doch auch gewisse Mängel auf, die sich namentlich bei Zentralgeschäftsstellen geltend machen können. Vor allem ist die Möglichkeit des Austritts bei einer Genossenschaft eine verhältnismäßig leichte. Damit entsteht die Gefahr, daß durch Massenaustritt von Mitgliedern der Umfang der Geschäftstätigkeit und die finanzielle Grundlage in Form von Geschäftsguthaben beeinträchtigt wird. Das kann besonders für Zentralgeschäftsanstalten verhängnisvoll werden. Sie haben sich mit ihren Kapitalanlagen (Grundstücke, Lagerhäuser) und ihrem Personalbestand an Berufsbeamten auf eine dauernd gleichbleibende oder vielmehr aufsteigende Tätigkeit eingerichtet. Bei der Gesellschaft mit beschränkter Haftung oder der Aktiengesellschaft besteht zwar auch die Möglichkeit des Austritts durch Übertragung der Stammeinlage bzw. Aktie an Dritte, wobei indes die finanzielle Grundlage — das Stammkapital bzw. Aktienkapital — ungeschmälert bleibt.

Zudem ist bei dem räumlich und sachlich begrenzten Teilnehmerkreis genossenschaftlicher Zentralgeschäftsanstalten die Gelegenheit zu einer Übertragung von Stammeinlagen oder Aktien eine beschränkte; Massenaustritten wird damit vorgebeugt. Weitere Vorteile bietet die Gesellschaft m. b. H. bzw. die Aktiengesellschaft hinsichtlich einer Abstufung des Stimmrechts nach dem Maße der Kapitalbeteiligung. Das Genossenschaftsgesetz gibt jedem Mitgliede — ganz unabhängig von der Zahl etwaig erworbener Geschäftsanteile — nur eine Stimme. Dieser demokratische Grundsatz hat für kleine örtliche Gebilde, wo der persönliche Zusammenhang ein enger ist, gewiß seine großen anerkannten Vorzüge. Bei zentralen Geschäftsanstalten kommt indes das persönliche, das ideelle Moment weniger in Frage. Bei ihnen treten die wirtschaftlichen Zwecke in den Vordergrund. Rein geschäftlich betrachtet, hat das gleiche Stimmrecht Schattenseiten. Es nimmt größeren kapitalkräftigeren Genossenschaften den Anreiz zu einer vermehrten Kapitalbeteiligung. Bei Gesellschaften m. b. H. und Aktiengesellschaften ist hingegen die Abstufung des Stimmrechts nach der Kapitalbeteiligung rechtlich zulässig und in der Praxis üblich, womit ein wirksamer Ansporn zu einer höheren Kapitalbeteiligung gegeben wird. Die Heranziehung eines starken eignen Kapitals ist aber aus mannigfaltigen wirtschaftlichen Gründen für umfangreiche Geschäftsbetriebe, wie die von Zentralgeschäftsanstalten dringend erwünscht. So erklärt es sich, daß die neugebildeten Warenzentralen die Rechtsform der Gesellschaft m. b. H. bzw. der Aktiengesellschaft bevorzugt haben. Die gleichen Erwägungen haben auch im Reichsverband bei der Errichtung der Kalibezugsgesellschaft, der Maschineneinkaufszentrale und in jüngster Zeit bei der Gründung zahlreicher kriegswirtschaftlicher Unternehmen die Rechtsform der Gesellschaft m. b. H. wählen lassen. Diese Wahl scheint sich auch praktisch bewährt zu haben, denn die neubegründeten Neuwieder Warenzentralen zeigen eine stärkere Ausstattung mit eignem Stammkapital, als die älteren Zentral-Ein- und Verkaufsgenossenschaften des Reichsverbandes. Ende 1913 bzw. Ende Mai, Ende Juni 1914 betrug das Stammkapital bei den sechs als Gesellschaften m. b. H. bzw. Aktiengesellschaft errichteten Neuwieder Warenzentralen 4,9 Mill. Mk. = 26 % der Passiven in Höhe von 18,9 Mill. Mk. Auf jedes Mitglied (Gesellschafter, Aktionäre) entfiel eine Stammeinlage (Aktienkapital) von durchschnittlich 2537 Mk. Demgegenüber betrugen bei den 21 in genossenschaftlicher Rechtsform begründeten Warenzentralen des Reichsverbandes Ende 1914 bzw. Mitte 1914 die Geschäftsguthaben 8,87 Mill. Mk. = 17,3 % der Passiven in Höhe von 51,12 Mill. Mk. Auf jedes Mitglied kam dabei ein Geschäftsguthaben von 1028 Mk. Trotz der kurzen Zeit ihres Bestehens ist demnach bei den Neuwieder Warenzentralen das Stammkapital für das einzelne Mitglied mehr als doppelt so hoch, wie bei den erheblich älteren genossenschaftlichen Warenzentralen des Reichsverbandes. Allerdings ist zu berücksichtigen, daß durch finanzielle Beteiligung der Landwirtschaftlichen Zentraldarlehnskasse bei der Errichtung der Warenzentralen ihnen die Aufbringung eines namhaften Stammkapitals erleichtert wurde.

Die von landwirtschaftlichen Vereinen, Ortsgruppen, Vertrauensmännern und ähnlichen Stellen ausgeübte Bezugstätigkeit entbehrt die feste rechtliche und wirtschaftliche Organisation, wie sie die Genossenschaften besitzen. Zum Teil haben selbst die hier vorhandenen Bezugszentralen von der Annahme einer festen Geschäftsorganisation abgesehen, wie das bei der Deutschen Landwirtschaftsgesellschaft der Fall ist. Die von ihr eingerichteten Geschäftsstellen — die Dünger-, Futter-, Saatstelle — besitzen keine besondere Rechtspersönlichkeit, sie werden durch den vom Vorstand der Deutschen Landwirtschaftsgesellschaft angestellten Geschäftsführer rechtsverbindlich vertreten. Da die Geschäftsstellen früher ausschließlich, und zum Teil auch gegenwärtig noch, die Geschäfte nur kommissionsweise vermitteln, so erschien diese Regelung ausreichend. Im Laufe der Jahre wurden aus den Kommissionsgeschäften ansehnliche Überschüsse angesammelt. Sie schufen die finanzielle Grundlage, auf der sich späterhin der Übergang zu Eigengeschäften ermöglichen ließ. Der Bund der Landwirte hat in den ersten Jahren nach seiner 1893 erfolgten Begründung das Bezugsgeschäft auf seinen Namen und Rechnung gleichfalls ohne eine besondre Geschäftsorganisation betrieben. Aus rechtlichen und wirtschaftlichen Gründen schritt er 1896 zur Errichtung seiner Verkaufsstelle als einer besondren Gesellschaft mit beschränkter Haftung. Ihre Tätigkeit blieb indes zunächst auf die Errichtung und den Betrieb von Reparaturwerkstätten für landwirtschaftliche Maschinen beschränkt. Als einige Jahre später das Bürgerliche Gesetzbuch in Kraft trat und damit eine geschäftliche Tätigkeit eingetragener politischer Vereine unzulässig wurde, übertrug der Bund das von ihm bis dahin betriebene Vermittelungsgeschäft in landwirtschaftlichen Bedarfsartikeln auf jene Verkaufsstelle. Sie gliedert sich zurzeit in fünf Abteilungen. Drei von ihnen — die für Dünger-, Futtermittel —, Maschinenwesen —, Saatgut betreiben die in ihren Geschäftsbereich gehörenden Bezugsgeschäfte, wozu sich noch die Abteilungen für Buchführungs- und Versicherungswesen gesellen.

Wie schon bemerkt, fehlt bei beiden Organisationen der feste örtliche Unterbau für das Bezugsgeschäft. Bei der Deutschen Landwirtschaftsgesellschaft sind die lokalen Abnehmer die Einzelmitglieder der Gesellschaft. In der Hauptsache handelt es sich um große oder mittlere Landwirte, deren Bedarf den Umfang eines oder mehrerer Waggons erreicht. Gemeinsame Bezüge erübrigen sich demnach in der Mehrzahl der Fälle. Immerhin kommen sie vor. So übernehmen es des öftern größere Besitzer, für die kleineren Landwirte ihrer Heimatgemeinde mitzubestellen. Genossenschaften sind der Deutschen Landwirtschaftsgesellschaft nicht angeschlossen, da nach ihrem Grundsatz nur physische Personen die Mitgliedschaft erwerben können. Allerdings ist es zulässig, daß sich juristische Personen durch ein Mitglied, welches die Mitgliedschaft bei der Deutschen Landwirtschaftsgesellschaft erwirbt, vertreten lassen. In dieser Form bewirken allerdings landwirtschaftliche Vereine, wilde bzw. einem Verbande nicht angeschlossene Genossenschaften und ähnliche Vereinigungen, gemeinsame Bezüge von der Deutschen Landwirtschaftsgesellschaft. Ihr Umfang ist nicht bekannt, sehr erheblich dürfte er indes nicht sein. Eine Belieferung der Verbänden angeschlossenen Genossenschaften findet nur ausnahmsweise statt, da Abkommen zwischen den Genossenschaftsverbänden und der Deutschen Landwirtschaftsgesellschaft einen solchen Wettbewerb untersagen. Größeren Umfang haben die gemeinsamen Bezüge kleiner und mittlerer Landwirte bei der Verkaufsstelle des Bundes der Landwirte angenommen. Denn der Mitgliederkreis des Bundes, der mehr als 300 000 Mitglieder gegenüber 19 000 bei der Deutschen Landwirtschaftsgesellschaft umfaßt, setzt sich überwiegend aus den Reihen kleiner und mittlerer Landwirte zusammen. Demgemäß haben neben den Einzelbestellungen der größeren Besitzer die Sammelladungen (Ortsgruppenbezüge) der kleineren Landwirte bei der Verkaufsstelle des Bundes eine erhebliche Ausdehnung erlangt. Zum Teil werden sie durch die dem Revisionsverband des Bundes angeschlossenen Genossenschaften, in der Hauptsache aber durch die Ortsgruppen des Bundes betätigt. Regel ist, daß der Vertrauensmann einer oder mehrerer benachbarter Ortsgruppen die Bestellungen der Bundesmitglieder sammelt, bis sich eine oder mehrere Waggonladungen ergeben. Alsdann übermittelt er in seinem Namen diese Bestellungen der Verkaufsstelle, übernimmt den Empfang und die Verteilung der Sendung, sowie späterhin die Einziehung und Ablieferung des Rechnungsbetrages. Danach ist allein der Vertrauensmann der Rechtsträger des Bezugsgeschäftes, wobei ihm für seine Mühewaltung und Unkosten eine kleine Vergütung gewährt wird. Ähnlich ist die Regelung bei den gemeinsamen Bezügen andrer landwirtschaftlicher Körperschaften, bei landwirtschaftlichen Vereinen, Bauernvereinen und deren Ortsgruppen, Ortsvereinen usw.

Es läßt sich nicht verkennen, daß dieser rechtlich losen Form des gemeinsamen Bezuges gegenüber der genossenschaftlichen Bezugstätigkeit gewisse Mängel in rechtlicher und wirtschaftlicher Hinsicht anhaften. Es fehlt jenen losen Gebilden die Rechtsfähigkeit und damit entfallen die hieran geknüpften rechtlichen und wirtschaftlichen Vorteile. Beim Entstehen von Differenzen oder bei verlustbringenden Geschäften können sich leicht daraus erhebliche Unzuträglichkeiten ergeben. Das gilt in erster Linie für die Bezahlung der Ware. Dafür haftet dem Lieferanten gegenüber ausschließlich der Vertrauensmann. Ihm bleibt es überlassen, die Teilbeträge der Rechnung von den einzelnen Bestellern einzuziehen. Lässigkeit im Bezahlen, Differenzen über die Güte der Ware und über andre Lieferungsbedingungen machen dem Vertrauensmann seine Aufgabe nicht selten unerfreulich und verlustbringend. Zugleich wird dem Lieferanten gegenüber die Sicherheit vermindert. Denn ihm haftet nur der nominelle Besteller — eine Sicherheit, die in manchen Fällen gewiß geringer sein wird, als das eigne Vermögen und die Haftsumme einer Genossenschaft. Es fehlt weiter die sorgfältige Regelung und Überwachung der Geschäftsführung, wie sie bei Genossenschaften durch deren gesetzliche Organe und durch die Verbandsrevision ausgeübt wird. Der Mangel an eignem Vermögen und ausreichendem Kredit macht es schließlich unmöglich, die Bezugsvermittlung durch Einrichtung und Unterhaltung von Warenlagern nutzbringend auszugestalten. Es erscheint daher verständlich, daß die Genossenschaftsorganisationen von einer solchen rechtlich nicht geordneten Bezugstätigkeit abraten und den Anschluß an bestehende Genossenschaften bzw. deren Neugründung empfehlen. Tatsächlich hat sich die Entwicklung auch in dieser Richtung vollzogen. Die Zahl der Genossenschaften ist gewaltig gestiegen, der Umfang ihrer Bezüge hat den der Ortsgruppen landwirtschaftlicher Vereine und andrer loser Gebilde bei weitem überflügelt. Dabei haben sich in zahlreichen Fällen Ortsgruppen, „freie" Konsumvereine in eingetragene Genossenschaften umgewandelt. Trotzdem wird jene „freie" Bezugstätigkeit wohl nicht ganz verschwinden. Sie findet in der Abneigung mancher Landwirte vor den Pflichten, dem geregelten Geschäftsgang, den unvermeidlichen Kosten der genossenschaftlichen Rechtsform ihre Stütze. Mag auch die „freie" gemeinsame Bezugstätigkeit noch mit Mängeln behaftet sein, so bedeutet sie immerhin einen Fortschritt gegenüber dem früheren isolierten Bezug der einzelnen Landwirte. Bei geringerem Umfang der Geschäfte fallen zudem die in rechtlicher und wirtschaftlicher Beziehung zu äußernden Bedenken weniger ins Gewicht.

Die vorstehend geschilderte Bezugsorganisation findet ihre Krönung in dem Zusammenschluß der einzelnen Bezugszentralen zu großen Zentralgeschäftsanstalten. So ist, wie in der Einleitung bereits dargestellt, im Jahre 1897 die Bezugsvereinigung der deutschen Landwirte für den zentralen Bezug von Thomasmehl, im Jahre 1910 die Landwirtschaftliche Düngerbezugsgesellschaft für den von Kalisalzen gebildet worden — beide in der Rechtsform der Gesellschaft mit beschränkter Haftung. In ihnen sind die im Deutschen Reich vorhandenen genossenschaftlichen und landwirtschaftlichen Bezugszentralen fast ausnahmslos vereinigt. Ebenso wurde der Maschineneinkaufszentrale des Reichsverbandes und der Handelszentrale der Raiffeisenorganisation an der gleichen Stelle gedacht. Nähere Mitteilungen über die Organisation dieser Gesellschaften erübrigen sich; beachtenswert ist lediglich, daß für sie alle die Rechtsform der Gesellschaft mit beschränkter Haftung gewählt ist. Sie bot die Möglichkeit, die einzelnen Zentralen entsprechend dem Umfang ihres Bezuges mit Stammeinlagen zu beteiligen und demgemäß das Stimmrecht abzustufen. Sie erleichterte zugleich eine einheitlichere, straffere Leitung der Geschäfte. Da nur die genossenschaftlichen bzw. landwirtschaftlichen Bezugszentralen Gesellschafter werden können, so bleibt damit die Führung der Geschäfte im Interesse der Verbraucher gewährleistet.

3. Der Geschäftsbetrieb der Bezugsorganisationen.

Der Geschäftsbetrieb ist, soweit es sich um rechtlich organisierte Unternehmungen handelt, durch Satzung und Geschäftsordnung geregelt. Für Genossenschaften kommen dabei die betreffenden Bestimmungen des Genossenschaftsgesetzes in Betracht. Danach ruht die Geschäftsführung in den Händen des Vorstandes. Er muß dem Gesetze nach zum mindesten aus zwei Personen bestehen. Das in der Praxis weitverbreitete Musterstatut des Reichsverbandes empfiehlt, den Vorstand aus dem Vorsitzenden (Direktor), dem Rechner (Geschäftsführer) und drei weiteren Mitgliedern zu bilden. Diesem Gesamtvorstand obliegt nach der Geschäftsordnung und Dienstanweisung die Erledigung der allgemeinen, genossenschaftsrechtlichen Verwaltungsgeschäfte, sowie besonders wichtiger geschäftlicher Angelegenheiten — Warenankauf, Preisbestimmung, Einrichtung von Warenlager usw. In die laufenden Geschäfte teilen sich der Vorsitzende und der Geschäftsführer. Jener soll vornehmlich den Schriftverkehr, dieser die Buch- und Kassenführung wahrnehmen. Der Vorstand wird in seiner Geschäftsführung überwacht vom Aufsichtsrat. Gesetzlich ist für diesen eine Mindestzahl von drei Mitgliedern vorgeschrieben, meist wird eine höhere, durch 3 teilbare Ziffer — 6 oder 9 — gewählt. Der Aufsichtsrat soll den Vorstand in allen Zweigen der Verwaltung überwachen und sich demgemäß über den Geschäftsgang der Genossenschaft in seinen mindestens vierteljährlich abzuhaltenden Sitzungen unterrichten lassen. Er hat die Jahresrechnung, die Bilanzen und die Vorschläge zur Gewinn- und Verlustverteilung zu prüfen und darüber der Generalversammlung zu berichten. Dieser — das ist die zumeist jährlich nur einmal zusammentretende Versammlung der Mitglieder — steht ein allgemeines Prüfungsrecht über die Geschäftsführung zu, insbesondre hat sie über die Genehmigung der Bilanz sowie über die Gewinn- und Verlustverteilung zu beschließen. Durch die Wahl des Vorstandes und Aufsichtsrates, durch das Recht der Beschlußfassung über Abänderung und Ergänzung des Statuts, der Geschäftsordnung, Erwerb, Veräußerung und Belastung von Grundstücken, Bestätigung von Mietverträgen sowie aller Verträge, welche wiederkehrende Verpflichtungen für die Genossenschaft begründen und andre wichtige Geschäftsangelegenheiten betreffende Rechte vermag sie die Geschäftstätigkeit wesentlich zu beeinflussen.

Der Geschäftsbetrieb umfaßt in erster Linie den gemeinschaftlichen Einkauf von Verbrauchsstoffen des landwirtschaftlichen Betriebes, doch wird in der Mustersatzung des Reichsverbandes zugleich der gemeinschaftliche Verkauf landwirtschaftlicher Erzeugnisse als Gegenstand des Unternehmens bezeichnet. Der Bezug von persönlichen Verbrauchsgegenständen und Hausbedarfsartikeln wird von ländlichen Genossenschaften nur vereinzelt betrieben. Wirtschaftspolitische und geschäftliche Gründe erklären eine solche Beschränkung. Einmal veranlaßt die Rücksichtnahme auf den ländlichen Kleinhandel mit Lebensmitteln und sonstigen persönlichen Verbrauchsartikeln eine solche Zurückhaltung, zum andern nehmen die rein landwirtschaftlichen Aufgaben die Kräfte der Genossenschaften vollauf in Anspruch. Die Vermittlung von persönlichen Bedarfsartikeln würde sie zudem mit einer Tätigkeit belasten, welche dem Sachverständnis der Landbevölkerung ferner steht. Die leitenden genossenschaftlichen Kreise in Deutschland haben daher einer solchen Erweiterung der Geschäftstätigkeit, die in anderen Ländern, in der Schweiz, Dänemark, Ungarn häufig begegnet, widerraten. Sie ist daher, wie gesagt, nur selten zu finden und hat des öfteren aus den angedeuteten Ursachen zu geschäftlichen Mißerfolgen geführt. Freilich läßt sich nicht verkennen, daß häufig der private Kleinhandel in diesen Artikeln auf dem Lande vieles zu wünschen übrig läßt. Daher gewinnen dort die städtischen Konsumvereine neuerdings einen erweiterten Abnehmerkreis. Ob diese Entwicklung die grundsätzliche Stellung der landwirtschaftlichen Genossenschaftsorganisationen in Zukunft beeinflussen wird, mag unerörtert bleiben.

Die Genossenschaft ist zur Ausführung der von den Mitgliedern aufgegebenen Bestellungen verpflichtet, sobald diese einen den Bezug lohnenden Umfang erreicht haben. Umgekehrt haben nach den Mustersatzungen der Verbände die Mitglieder die Pflicht, alle Verbrauchsstoffe, welche durch die Genossenschaft beschafft werden, nur durch deren Vermittlung zu beziehen. Diese Bezugspflicht wird in der Praxis nicht immer streng durchgeführt. Solange es an einer eindringlichen genossenschaftlichen Schulung der Mitglieder und an einer stets musterhaften Geschäftsführung fehlt, würde ihre strenge Handhabung zu mancherlei Unzuträglichkeiten führen. Sie könnte die entgegengesetzte Wirkung als beabsichtigt war, zeitigen und zu zahlreichen Mitgliederaustritten führen.

Im allgemeinen ist der Einkauf so geregelt, daß er auf Grund vorheriger Bestellung der Mitglieder erfolgt. Zu diesem Zwecke tragen die Mitglieder ihre Bestellungen in Umlaufslisten oder auf Bestellzetteln ein. Nach Maßgabe dieser Bestellungen bewirkt alsdann der Vorstand den Einkauf. Durch diese in den Mustergeschäftsordnungen niedergelegten Bestimmungen sollen Blankoankäufe mit ihren Verlustmöglichkeiten unterbunden werden. Aus geschäftlichen Gründen sind indes Abweichungen von dieser Regel vorgesehen. Einmal ist es dem Vorstand gestattet, zwecks Abrundung der Warenlieferungen auch Käufe über die vorausbestellten Mengen hinaus abzuschließen. Es soll damit die Verbilligung der Fracht durch den Bezug ganzer Wagenladungen ermöglicht werden. Im weiteren hat es sich als zweckmäßig erwiesen, kleinere oder auch größere Warenlager zu unterhalten, um jederzeit dem Bedarf der Mitglieder entsprechen zu können. Ferner erachten es mehr von kaufmännischem Geiste erfüllte Geschäftsleitungen für vorteilhaft, günstige Marktkonjunkturen durch Blankoankäufe auszunutzen. Damit begibt sich die Geschäftsleitung freilich auf das vom genossenschaftlichen Standpunkt aus grundsätzlich verpönte Gebiet der Spekulation. Indes sind solche Geschäfte mit Rücksicht auf den konkurrierenden Privathandel nicht allenthalben zu vermeiden. Bei ihrer vorsichtigen Begrenzung sind erhebliche Verluste wohl nicht zu befürchten, zudem bietet die Vermittlung von Syndikatsartikeln mit ihren feststehenden Ein- und Verkaufspreisen einen Ausgleich. Besonders nachdrücklich wird dem Vorstand eingeschärft, nach Qualität, insbesondre nach Gehalts- und Keimfähigkeitsprozenten zu kaufen. Endlich sollen die Kaufabschlüsse regelweise gegen bar und nicht auf Kredit gemacht werden. Das bedeutet in der Praxis, daß die Genossenschaften meist auf kurze Zahlungstermine — 14 Tage, 1 Monat, längstens 3 Monate — von ihren Lieferanten, in der Regel die Zentral-Ein- und Verkaufsgenossenschaften, kaufen. Das wird durch die statistischen Ziffern über die Außenstände der Warenzentralen bei den Abnehmern bestätigt. Diese betrugen bei den Zentralen des Reichsverbandes Ende 1913 bei einem Gesamtwarenbezug und -absatz von 265,6 Mill. Mk. nur 27,4 Mill. Mk., gleich 10,7 %. Rein rechnerisch standen danach für $1^1/_3$ Monat (39 Tage) Zahlungen aus. Indes ist zu beachten, daß in den letzten Monaten des Jahres der Bezug an Dünger- und auch Futtermitteln den monatlichen Durchschnitt meist übertrifft. Die rückständigen Zahlungen dürfen demnach vergleichsweise noch geringer gewesen sein.

Bei der Warenabnahme soll der Vorstand dafür sorgen, daß die Waren auf vertragsmäßige Lieferung geprüft bzw. Proben vorschriftsmäßig entnommen und der zuständigen Untersuchungsstation zur Prüfung eingesandt werden. Das wird namentlich für solche Waren eingeschärft, deren Preisberechnung nach ihrem Gehalt an wertbestimmenden Eigenschaften (Mineral-Nährstoffen, Keimfähigkeit usw.) erfolgt. Von dieser Nachuntersuchung wird ein umfangreicher, doch keineswegs lückenloser Gebrauch gemacht. Nach den Angaben im Jahresbericht des Reichsverbandes für 1914/15 wurden bei 16 hierüber berichtenden Zentralgenossenschaften 35 873 Proben nachuntersucht. Diese 16 Zentralen bezogen — von Kohlen abgesehen — für 17 Millionen Doppelzentner landwirtschaftliche Bedarfsartikel. Diese Bezugsmengen dürften etwa 150 000 Eisenbahnwaggons darstellen. Mag eine solche Berechnung auch mancherlei Fehler in sich schließen, immerhin bestätigt sie die Klagen der Zentralgenossenschaften über die zu geringe Vornahme von Nachuntersuchungen. Ihre Mahnungen, die Nachuntersuchungen regelmäßig zu veranlassen, sind auch gegenwärtig noch durchaus begründet. Das bekunden die später zu erwähnenden Ziffern über minderwertige Lieferungen.

Die Abnahme der Ware hat seitens der Mitglieder an dem von dem Vorstand dafür bestimmten Ort und Zeitpunkt zu erfolgen. Häufig geschieht die Abnahme sofort bei Ankunft der Ware auf der nächsten Bahnstation, von wo sie die Mitglieder mit eigenem Gespann oder mit nachbarlicher Hilfe abholen. Das ist das einfachste und billigste Verfahren; es ist namentlich bei solchen Artikeln anwendbar, die, wie Düngemittel, alsbald zur Verwendung kommen. Allgemein läßt es sich nicht durchführen, und es wird daher häufig notwendig, Waren auf das Lager der Genossenschaft zu nehmen. Diese Lager sind bei kleinerem Geschäftsumfang zumeist nur einfache Schuppen und Scheunen. Mit der Größe des Geschäftsbetriebes wachsen entsprechend der Umfang und die technische Einrichtung der Lager. Um den Lagerhausbetrieb in vorsichtig bemessenen Grenzen zu halten, soll die Generalversammlung bestimmen, welche zur Lagerung sich eignende Artikel auf Lager zu nehmen sind. Die Lagerverwaltung erfolgt unter kleineren Verhältnissen bei dem Vorsitzenden des Vorstandes (Direktor) oder durch den Rechner (Geschäftsführer). Bei größerem Geschäftsumfang wird sie einem besonderen Lagerverwalter übertragen. Er hat die Lagerbücher zu führen, ist für die ordnungsmäßige Aufbewahrung der Ware verantwortlich und gibt die Waren gegen bar oder auf Ziel an die Mitglieder ab.

Bei der Bemessung der Verkaufspreise ging man früher vielfach von theoretischen genossenschaftlichen Grundsätzen aus. Ihrem Wesen nach — so sagte man sich — ist die Genossenschaft kein auf Gewinn hinzielendes Erwerbsunternehmen. Sie ist vielmehr berufen, die Bedürfnisse ihrer Mitglieder möglichst vorteilhaft zu befriedigen. Diesem Charakter der Genossenschaft schien es zu entsprechen, die Verkaufspreise nach den Selbstkosten zu bemessen. Eine dementsprechende Preisfestsetzung wird auch gegenwärtig noch in der Mustergeschäftsordnung des Reichsverbandes empfohlen. Dem Warenpreis soll zunächst der Kostenwert (das ist der Einkaufspreis zuzüglich Transport-, Wiegekosten und dergleichen) zugrunde gelegt werden. Hierzu tritt ein Aufschlag, der vom Vorstand mit Genehmigung des Aufsichtsrates zu bestimmen ist. Der Aufschlag ist so zu bemessen, daß einmal durch ihn die Geschäfts- und die nicht durch besondre Aufschläge schon bestrittenen Verwaltungskosten gedeckt werden. Darüber hinaus soll er die Erzielung eines Gewinnes ermöglichen, welcher zur angemessenen Stärkung der Reserven, Verzinsung der Geschäftsguthaben und tunlichst noch einer Rückvergütung nach Maßgabe der Bezüge ausreicht. Bereits frühzeitig kamen indes die genossenschaftlichen Kreise zur Erkenntnis, daß eine allgemeine Durchführung dieser Grundsätze auf große Schwierigkeiten stößt. Zunächst ist es nicht einfach, den Aufschlag richtig so zu bemessen, daß alle Geschäftsunkosten im weiteren Sinne gedeckt werden und darüber noch ein angemessener Gewinn verbleibt. Sodann ist zu beachten, daß der genossenschaftliche Bezug keine isolierte Wirtschaftsform darstellt, sondern im lebhaften Wettbewerb mit einem hochentwickelten Privathandel steht. Dieser Wettbewerb schließt es im allgemeinen aus, daß die Genossenschaft bei gleicher Qualität teurer als der Privathandel verkauft; er macht es aber auch untunlich, den reellen Privathandel sehr wesentlich zu unterbieten. Beides wäre bei dem Verkauf nach den Selbstkosten denkbar. Hat die Genossenschaft ungünstig, das heißt zu höheren Preisen als den späteren Marktpreisen, eingekauft, dann würde sich ihr Selbstkostenpreis höher als der Marktpreis stellen. Zu diesem höheren Selbstkostenpreis kann sie aber nicht verkaufen, denn ihre Mitglieder werden schwerlich geneigt sein, höhere als die Marktpreise zu bezahlen. Der Genossenschaftsidealist mag darin einen bedauerlichen Mangel an genossenschaftlichem Geist erblicken. Doch möge er bedenken, daß das umgekehrte Verfahren eine Prämie auf ungeschickte Geschäftsführung bedeuten würde. Die Genossenschaft wird demnach gezwungen, zu den Marktpreisen, das heißt mit Verlust zu verkaufen. Bei einem strengen Festhalten am Selbstkostenpreis könnte sie sich andrerseits nicht bei günstig, das heißt erheblich unter den Marktpreisen eingekauften Waren schadlos halten. Die hieraus folgende Unterbietung der Marktpreise hätte nicht minder ihre Bedenken. Sie verschärft den schon vorhandenen starken Gegensatz zwischen Bezugsgenossenschaften und Privathandel, führt zu gegenseitigen Preisunterbietungen, die letzthin auf eine Verschlechterung der Ware hinauslaufen. Aus solchen Erfahrungen und Erwägungen heraus empfahl schon im Februar 1886 der zweite Vereinstag des heutigen Reichsverbandes, „die Verkaufspreise auf der Höhe derjenigen der soliden Konkurrenz zu halten". So ist es die Regel geworden, daß sich die Verkaufspreise der Genossenschaften nach den jeweiligen Marktpreisen des reellen Handels richten. Der sich dabei ergebende Gewinn kommt dann später nach Jahresschluß unmittelbar oder mittelbar den Mitgliedern wieder zugute, sei es in Form einer Dividende auf die Geschäftsguthaben, einer Zuweisung an die Reserven oder unmittelbar in Form von Rückvergütungen nach Maßgabe der Warenbezüge (Warendividende).

Wie die städtischen Konsumvereine, so sind auch die landwirtschaftlichen Bezugsgenossenschaften bemüht, ihre Mitglieder zur Barzahlung anzuhalten. Die Geschäftsordnungen schreiben daher zumeist eine Bezahlung 20 oder 30 Tage nach erfolgter Lieferung vor. Diese Bestimmungen haben sich allerdings nicht streng durchführen lassen. Der Grund liegt in der längeren Dauer des landwirtschaftlichen Produktionsprozesses. Es währt oft $1/2$ Jahr, 1 Jahr oder noch länger, bis dem Landwirt die Einnahmen für die von ihm verbrauchten Rohstoffe wieder zufließen. Daraus ergibt sich häufig die Unvermeidlichkeit einer Kreditgewährung. Sofern am Orte oder in der Nachbarschaft eine Spar- und Darlehnskasse vorhanden ist, wird vielfach eine Regelung dahin getroffen, daß die Bezugsgenossenschaft ihre Forderung an die Kasse abtritt. Wo eine Kreditgenossenschaft fehlt, da bleibt die Bezugsgenossenschaft Gläubigerin. In beiden Fällen wird darauf geachtet, daß die geschuldeten Beträge innerhalb einer angemessenen Frist, also etwa bis zur nächsten Ernte, eingehen. Einer zu weitgehenden Kreditierung will übrigens schon die Bestimmung des Genossenschaftsgesetzes Einhalt tun, wonach die Generalversammlung die Grenzen festsetzt, welche bei Kreditgewährungen an Genossen eingehalten werden sollen.

Die für die Einzelgenossenschaften geltenden Geschäftsgrundsätze finden im wesentlichen auch bei den Zentral-Ein- und Verkaufsgenossenschaften entsprechende Anwendung. Daher kann bei dieser gedrängten Darstellung von ihrer Schilderung Abstand genommen werden. Bemerkt sei nur, daß der Umfang der Geschäfte es notwendig gemacht hat, die laufende Geschäftsführung in die Hände von Berufsbeamten, meist mit fachmännischer Vorbildung, zu legen. Die leitenden Persönlichkeiten (Direktoren, Geschäftsführer) sind dabei zumeist Mitglied des Vorstandes. Der Gefahr, daß allzu „kaufmännische" Geschäftsführer den Betrieb zu erwerbssüchtig oder spekulativ gestalten, wird durch Berufung von Landwirten zu Vorstandsmitgliedern, insbesondre aber zu Aufsichtsratsmitgliedern ein Riegel vorgeschoben. Damit wird sowohl eine Wahrung der genossenschaftlichen Grundsätze, wie eine Geltendmachung landwirtschaftlich-technischer Fachkenntnisse zu erreichen gesucht.

Die landwirtschaftlichen Bezugskörperschaften, wie die Deutsche Landwirtschaftsgesellschaft und die Verkaufsstelle des Bundes der Landwirte, haben zunächst und zum Teil noch bis in die Gegenwart hinein die Geschäfte nur kommissionsweise vermittelt. Für syndizierte Artikel erwies es sich indes als zweckmäßig, zum Eigengeschäft überzugehen, das infolge der wirtschaftlichen Umwälzungen durch den Krieg auch bei anderen Bedarfsartikeln vermehrte Anwendung gefunden hat. Die Durchführung solcher Kommissionsgeschäfte sei hier gekennzeichnet durch die Grundregel der Futterstelle der Deutschen Landwirtschaftsgesellschaft. Die Futterstelle schließt auf den Namen des Käufers und für dessen Rechnung mit dem Verkäufer die Geschäfte ab. Die Bedingungen eines jeden Kaufes sind seitens der Futterstelle schriftlich festzulegen und sowohl dem Verkäufer als auch dem Käufer einzusenden. Sämtliche Fakturen und Schlußscheine hat der Verkäufer auf den Namen des Käufers lautend ausschließlich an die Futterstelle einzusenden, welche die Weitergabe auf ihren Formularen veranlaßt. Im Falle der Nichtlieferung ist die Futterstelle zu Deckungskäufen berechtigt, sie wirkt bei der Prüfung der Lieferung mit und bestimmt die Versuchsstation, welche die Untersuchung vornehmen soll. Bei Bezügen von mehr als 50 dz im Wert von mindestens 400 Mk. hat der Käufer Anspruch auf eine kostenfreie Untersuchung. Bei ordnungsmäßigem Ausfall der Lieferung trägt die Kosten dieser Untersuchung die Futterstelle, bei ordnungsmäßig festgestelltem Mindergehalt der Verkäufer. Die Rechnungsbeträge für die gelieferte Ware sind vom Käufer direkt an den Verkäufer zu leisten und zwar, sofern nichts besonders vereinbart ist, binnen 10 Tagen nach Empfang der Ware. Die

3*

Futterstelle verpflichtet sich, ohne eine Haftung für Ausfälle zu übernehmen, auf Verlangen des Verkäufers die Einziehung rückständiger Rechnungsbeträge zu unterstützen. Hartnäckig säumige Zahler können durch den Vorstand vom Bezuge ausgeschlossen werden. Streitigkeiten zwischen Käufer und Verkäufer über Mängel der Ware und Ersatzansprüche über Lieferungsverspätungen sollen unter Ausschluß des ordentlichen Rechtsweges einem Schiedsgericht unterworfen werden, für welches der Vorstand der Deutschen Landwirtschaftsgesellschaft Satzungen erläßt. Der Verkäufer hat für jeden durch die Futterstelle vermittelten Verkauf eine Gebühr an die Kasse der Deutschen Landwirtschaftsgesellschaft zu zahlen, deren Höhe der Vorstand bestimmt. Durch die erwähnten Bestimmungen leuchtet die Tendenz hindurch, in nachhaltiger Weise die Interessen der Käufer — unbeschadet berechtigter Ansprüche der Verkäufer — wahrzunehmen. Dabei wird besondres Gewicht darauf gelegt, durch Aufstellung sachgemäßer Handels-Lieferungsbedingungen, Probenahmevorschriften und durch Gewährung von Freianalysen die Lieferung guter Qualität zu sichern. Das hier für die Futterstelle der Deutschen Landwirtschaftsgesellschaft Ausgeführte findet ebenmäßige Anwendung auch auf die Kommissionsgeschäfte ihrer anderen Geschäftsstellen und sonstiger landwirtschaftlicher Bezugszentralen.

Der Geschäftsgang bei den losen örtlichen Bezugsstellen, Ortsgruppen, landwirtschaftlichen Vereinen usw. ist im vorangegangenen Abschnitt bereits geschildert worden. Es wurde dort ausgeführt, daß beim Mangel einer besondren Rechtspersönlichkeit und besondrer Organe der Geschäftsverkehr rechtlich und tatsächlich in den Händen einer einzigen Persönlichkeit — des Vertrauensmannes, des Vorsitzenden usw. ruht. Er übernimmt, wie bereits erwähnt, das Einsammeln der Bestellungen, bewirkt alsdann die Bestellung beim Lieferanten, sorgt für die Verteilung der gelieferten Ware, sowie für ihre Bezahlung. Im einzelnen gleicht der Geschäftsgang in der Hauptsache dem örtlichen genossenschaftlichen Bezug, wenn auch häufig die feste, durch die Rechtsnatur der Genossenschaft gegebene Regelung zu vermissen ist. Der Lagerverkehr spielt dabei nur eine untergeordnete Rolle, weil es an Betriebsmitteln zur Errichtung und Unterhaltung eines größeren Lagers fehlt. Der Geschäftsverkehr wickelt sich in den einfachsten Formen ab und hält sich in bescheidenen räumlichen Grenzen.

4. Umfang und Art der gemeinschaftlichen Bezüge.

Der wirtschaftliche Einfluß der Bezugsorganisationen und rückwirkend ihr Nutzen für die Mitglieder wächst mit dem Umfang ihrer Geschäftstätigkeit. Je größer der Anteil der gemeinsamen Bezugsorganisationen am Gesamtverbrauch ist, desto wirksamer vermögen sie die Interessen ihrer Mitglieder im Wirtschaftskampf zu wahren. Unter diesem Gesichtspunkte mögen die nachstehenden Ziffern über Umfang und Art der gemeinsamen Bezüge betrachtet werden. Sie beziehen sich auf das Jahr 1913 und lassen die beiden Jahre 1914 und 1915 mit ihren Verschiebungen durch den Weltkrieg außer acht, denn dabei handelt es sich um Vorgänge, die aus dem Rahmen normaler Wirtschaftsentwicklung ganz heraustreten.

a) Der Umfang der gemeinsamen Bezüge.

Eine außerordentlich große und mannigfaltige Zahl genossenschaftlicher und landwirtschaftlicher Bezugsorganisationen dient dem gemeinsamen Wareneinkauf. Bei dieser bunten Vielheit läßt sich eine lückenlose Übersicht über den Umfang der gemeinsamen Bezüge nicht geben. Immerhin erlauben die vorhandenen Unterlagen, Schätzungen vorzunehmen, welche der Wirklichkeit wohl nahekommen dürften.

Umfangreiche Angaben finden sich in den Jahrbüchern der beiden führenden Zentralverbände, des Reichsverbandes der deutschen landwirtschaftlichen Genossenschaften und des Generalverbandes ländlicher Genossenschaften. Nach dem Jahrbuch des Reichsverbandes für 1914 betrug der gemeinsame Bezug im Jahre 1913:

bei 2168	Bezugsgenossenschaften	164,13	Millionen Mk.
„ 4089	Spar- und Darlehnskassen	57,79	„ „
„ 68	Molkereigenossenschaften	10,56	„ „
	Sa.	232,48	Millionen Mk.

Das Jahrbuch des Generalverbandes für 1914 beziffert für das Jahr 1913 die Bezüge von:

3911	Spar- und Darlehnskassen auf	60,66	Millionen Mk.
42	An- und Verkaufsgenossenschaften auf	9,36	„ „
	Sa.	70,02	Millionen Mk.

Beide Angaben sind indes noch unvollständig. Eine Reihe von Bezugsgenossenschaften, zahlreiche Spar- und Darlehnskassen, Molkereigenossenschaften, die Waren beziehen, haben keine statistischen Angaben eingereicht. Weiter fehlen die gemeinsamen Bezüge andrer Genossenschaften, wie Getreideverkaufs-, Winzer-, Geflügelzucht-, Viehzucht-, Maschineneinkaufsgenossenschaften usw. Ferner enthalten sie nicht die recht bedeutenden Bezüge größerer Landwirte direkt von den Zentralgenossenschaften. Der Umfang dieser von der Statistik der Jahrbücher nicht erfaßten genossenschaftlichen Bezüge läßt sich mit irgendwelcher Genauigkeit allerdings nicht schätzen. Man wird indes nicht zu hoch, sondern eher zu niedrig greifen, wenn man den Gesamtbetrag der genossenschaftlichen Bezüge innerhalb der beiden großen Zentralverbände auf 350 Mill. Mk. veranschlagt.

Hierzu gesellt sich der Bezug außerhalb der beiden Zentralverbände stehender Genossenschaftsverbände, wie der in Stuttgart, Trier [1], Regensburg, Freiburg i. Br., Ansbach, Hohenwestedt, Prenzlau, Gießen, Hildesheim, Ratzeburg, sowie derjenigen Genossenschaften, die keinem Verbande angeschlossen sind — es gibt deren etwa 2000. Weiter treten hinzu die gemeinsamen Bezüge der besondren Maschinenverkaufsstellen bzw. Genossenschaften in Halle a. S., Münster i. W., Königsberg i. Ostpr., Hannover, Köln. Endlich sind zu berücksichtigen die gemeinsamen Bezüge der landwirtschaftlichen Körperschaften, wie der Deutschen Landwirtschaftsgesellschaft, der Verkaufsstelle des Bundes der Landwirte und zahlreicher Landes-, Provinzial-, Kreis-, Ortsvereine. Angaben liegen nur für die großen Bezugsorganisationen der Art vor. Danach betrug im Jahre 1913 der Wert der Bezüge bei

den Genossenschaftsverbänden in Stuttgart, Freiburg, Regensburg	21	Millionen	Mk.
der Deutschen Landwirtschaftsgesellschaft	22	"	"
der Verkaufsstelle des Bundes der Landwirte	15	"	"
den Maschinenverkaufsstellen	8	"	"
der Ökonomischen Gesellschaft in Dresden	1	"	"
Sa.	67	Millionen	Mk.

Unter Hinzurechnung der Bezüge der zahlreichen anderen genossenschaftlichen und landwirtschaftlichen Körperschaften wird man den gemeinsamen Bezug außerhalb der beiden großen Zentralverbände auf rund 100 Mill. Mk. veranschlagen dürfen. Danach würde der Wert aller gemeinsamen Bezüge der deutschen Landwirte auf etwa 450 Mill. Mk. zu schätzen sein.

[1] Die beiden Verbände in Stuttgart und Trier sind 1915 dem Reichsverbande beigetreten.

Eine Vorstellung von der volkswirtschaftlichen Bedeutung der gemeinsamen Bezüge ergibt sich aus ihrem Vergleich mit dem Gesamtverbrauch an landwirtschaftlichen Bedarfsartikeln. Genaue statistische Ermittelungen fehlen auch hier, so daß man auf Schätzungen angewiesen bleibt. Für das Jahr 1911 hat ein Sachkenner auf dem Gebiet des Düngungswesens, wie Wagner-Darmstadt [1], den Wert des Verbrauches an Handelsdünger auf 450 Mill. berechnet, so daß für 1913 der Wert auf etwa 500 Mill. Mk. angenommen werden darf. Schwieriger gestaltet sich die Schätzung des Verbrauches an Handelsfuttermitteln. Zuverlässige Angaben liegen nur für die vom Ausland eingeführten Futtermittel bzw. Rohstoffe zur Futtermittelfabrikation vor. Ihr Einfuhrwert betrug 1913 rund 1000 Mill. Mk. Die im Inland erzeugten Handelsfuttermittel treten demgegenüber wohl zurück, doch läßt sich ihr Wert mangels ausreichender Unterlagen nicht schätzen. Ähnliches gilt für die Berechnung des Verbrauches an Kohlen, Saatgut, landwirtschaftlichen Maschinen, Geräten und sonstigen Wirtschaftsbedürfnissen. Gewiß handelt es sich dabei um sehr erhebliche Wertbeträge. Allein am Kohlenverbrauch, dessen Gesamtwert im Deutschen Reich schon ab Zeche bzw. Einfuhrhafen 2000 Mill. Mk. überstieg, wird der Anteil der $5^1/_2$ Millionen landwirtschaftlicher Betriebe ein sehr erheblicher sein. Nicht minder umfangreich ist der Bedarf an landwirtschaftlichen Maschinen und Geräten. Waren doch schon vor neun Jahren bei der Betriebszählung von 1907 im Deutschen Reich 1757 landwirtschaftliche Maschinenfabriken vorhanden, die 41 514 Personen beschäftigten. Da Ein- und Ausfuhr an landwirtschaftlichen Maschinen in Höhe von 28 Mill. Mk. gegenüber 30 Mill. Mk. sich die Wage halten, so muß bei dem ansehnlichen Produktionswert der heimischen Industrie der Maschinenbedarf der deutschen Landwirtschaft ein sehr namhafter sein. Es heißt angesichts solcher Ziffern wohl mäßig schätzen, wenn man den Gesamtverbrauch der deutschen Landwirtschaft an Bedarfsartikeln auf etwa $2^1/_4$ Milliarden Mk. annimmt.

Ihm steht ein gemeinsamer Bezug von etwa 450 Millionen gegenüber. Der über den Wettbewerb der Genossenschaften so lebhaft Klage führende Handel setzt mithin noch die fünffache Menge um — ein Absatz, den er, nebenbei bemerkt, zum guten Teil der Belehrung und Propaganda der genossenschaftlichen und landwirtschaftlichen Körper-

[1] Hessenland. 1912. Nr. 7.

schaften für eine vermehrte Verwendung landwirtschaftlicher Bedarfsartikel verdankt. Immerhin muß die von der organisierten Landwirtschaft im Laufe weniger Jahrzehnte erreichte Leistung doch als sehr erheblich bezeichnet werden. Sie übertrifft die andrer Berufsstände bei weitem. Das zeigt ein Vergleich mit den Absatzziffern der gewerblichen Rohstoffgenossenschaften. Nach dem Jahrbuch des Hauptverbandes der deutschen gewerblichen Genossenschaften betrug im Jahre 1912 der Absatz bei 210 zur Statistik berichtenden gewerblichen Rohstoffgenossenschaften 28,8 Mill. Mk., so daß für die im Jahre 1912 bestehenden 454 Genossenschaften demnach sich ein Absatz von etwa 61 Mill. Mk. berechnen ließe. Schätzungen über den Gesamtverbrauch an gewerblichen Rohstoffen liegen freilich nicht vor und seien als sehr unbestimmter Natur auch nicht versucht. Immerhin erscheint der Schluß berechtigt, daß die genossenschaftlichen Bezüge der deutschen Landwirtschaft die der gewerblichen Klein- und Mittelbetriebe vergleichsweise erheblich überragen. Andrerseits zeigten die vorstehenden Vergleiche mit dem Gesamtverbrauch der deutschen Landwirtschaft, daß die landwirtschaftlichen Bezugsorganisationen von einer beherrschenden Stellung auf dem Warenmarkt noch weit entfernt sind. Allerdings ist zu beachten, daß sich der Anteil der gemeinsamen Bezüge auf die einzelnen Arten von Bedarfsartikeln recht ungleichmäßig verteilt.

b) Die verschiedenen Arten der gemeinsam bezogenen Bedarfsartikel.

Nähere Angaben über die Zusammensetzung der gemeinsamen Bezüge finden sich in der Statistik der Zentralgenossenschaften bzw. Zentralgeschäftsstellen, wie sie in den Jahrbüchern des Reichsverbandes und des Generalverbandes enthalten ist. Danach wurden von den Warenzentralen dieser Verbände im Jahre 1913 abgesetzt:

Düngemittel	123	Mill. Mk.
Futtermittel	98,7	„ „
Kohlen	20,5	„ „
Maschinen	11,7	„ „
Saatgut	9,3	„ „
Sonstige Bedarfsartikel	7,5	„ „
Summa:	270,7	Mill. Mk.

In Anlehnung an diese Angaben und unter Beachtung weiterer Anhaltspunkte dürfte sich der Gesamtbezug von rund 450 Mill. Mk. auf die einzelnen Arten von Bedarfsartikeln etwa wie folgt verteilen:

Düngemittel	212	Mill. Mk.
Futtermittel	153	" "
Kohlen	32	" "
Maschinen	23	" "
Saatgut	18	" "
Sonstige Bedarfsartikel	12	" "
Summa:	450	Mill. Mk.

Die Düngemittel stehen hiernach absolut, wie relativ, obenan. Vom Gesamtverbrauch an Kunstdünger, der vorstehend auf 500 Mill. Mk. angegeben worden war, machen die genossenschaftlichen Bezüge etwa 42 % aus. Die Ursache für das starke Hervortreten der gemeinsamen Düngerbezüge liegt einmal in der Verkaufskonzentration der wichtigsten Düngemittel. So sind Erzeugung und Vertrieb von Kalisalzen in einem lückenlosen Syndikat gebunden, fast ebenso einheitlich sind Produktion und Absatz von Thomasmehl im Verein deutscher Thomasphosphatfabriken zusammengefaßt und ähnliche, kartellartige Vereinigungen oder Abmachungen finden sich in der Superphosphat-, Knochenmehl-, Stickstoff-, Kalkindustrie usw. Eine solche zentrale Zusammenfassung der Produktion erleichtert den Absatz durch die genossenschaftlichen Warenzentralen und ihre örtlichen Organe. Am augenfälligsten hat sich das beim Absatz von Kalisalzen und Thomasmehl gezeigt. Hier hat die Syndikatsbildung der Produzenten zu einem einheitlichen Zusammenschluß des landwirtschaftlichen Verbrauches in der Landwirtschaftlichen Düngerbezugsgesellschaft für Kalisalze, in der Bezugsvereinigung der deutschen Landwirte für Thomasmehl geführt. Dieser Zusammenschluß hat es in Verbindung mit einer sachgemäßen wissenschaftlichen und kaufmännischen Propaganda bewirkt, daß annähernd 50 % des Kali- und des Thomasmehlverbrauches durch die landwirtschaftlich-genossenschaftlichen Körperschaften abgesetzt wurden. Ähnlich wie bei den syndizierten Düngemitteln ist bei den vom Ausland stammenden — Chilisalpeter, Guano durch deren Zusammenfassung in den Händen großer Einfuhrfirmen — der zentrale genossenschaftliche Absatz sichtlich gefördert worden. Der genossenschaftliche Bezug wurde ferner dadurch erleichtert, daß es sich bei Düngemitteln um Waren von einem feststehenden, allgemeinen Gattungscharakter handelt. Individuelle Sondereigenschaften, wie sie z. B. bei Futtermitteln, Maschinen einer bestimmten Herkunft sich zeigen, treten gar nicht oder nur in geringem Grade zutage. Demgemäß gestaltet sich der Bedarf in den einzelnen Landesteilen und Ortschaften gleichmäßiger als bei anderen Verbrauchsstoffen. Hierzu kommt noch, daß dieser Bedarf sich auf bestimmte Zeiten — Frühjahrs-, Herbstbestellung — zusammendrängt und damit den gemeinsamen Bezug im großen besonders nahelegt. Alle diese verschiedenen Gründe erklären das starke Übergewicht der gemeinsamen Bezüge von Düngemitteln.

Ungleich schwächer entwickelt ist der gemeinsame Bezug von Futtermitteln. Sein Wert wurde vorstehend auf etwa 153 Mill. Mk., das sind etwa 34 % des Gesamtverbrauches, geschätzt. Es fehlen hier die eben erwähnten wirtschaftlichen Verhältnisse, welche den gemeinsamen Bezug von Düngemitteln begünstigen. Einmal ist die Einfuhr vom Ausland weniger konzentriert, zudem haben mehrfach die beteiligten Firmen keine besondre Neigung zu einem innigeren Geschäftsverkehr mit den Bezugsorganisationen bekundet. Noch stärker, vielfach örtlich dezentralisiert sind Erzeugung und Vertrieb inländischer Futtermittel, wie namentlich Kleie, Ölkuchen, Biertreber usw. Der Bedarf der einzelnen Landwirte ist zudem ein örtlich und zeitlich verschiedener und mannigfaltiger. Er richtet sich nach Gattung, Rasse, Größe des Viehstandes, wechselt in den verschiedenen Jahreszeiten und ist stark vom Ausfall der eignen Futtermittelernte abhängig. Der Mangel an ausreichenden und geeigneten Lagerräumen bei den meisten Landwirten veranlaßt ferner, Futtermittel in kleineren Mengen, gleichsam „von der Hand in den Mund“, zu kaufen. Da die Lagerhaltung bei den Genossenschaften häufig noch nicht genügend entwickelt ist, so ergibt sich hieraus der Bezug vom Lager des nächsten Kleinhändlers. Der Anteil der Genossenschaften an der Futtermittelversorgung ist aus den angedeuteten Gründen daher ein relativ geringer, und infolgedessen ist auch ihr Einfluß auf den Futtermittelmarkt kein tiefgehender. Das haben die Landwirte gerade in den letzten Jahren wiederholt erfahren. Es sei an die Notstandstarife im Jahre 1911/12 erinnert, wo es der Handel vermochte, bei den vor Erlaß der Tarife abgeschlossenen Verkäufen frachtfrei Station die Frachtermäßigung — entgegen dem Zwecke jener Tarife — für sich zu behalten. Als im Frühjahr 1914 ein Kampf gegen den Schmutzgehalt der russischen Futtergerste entbrannte, erwies sich ebenfalls die genossenschaftliche Bezugsorganisation noch nicht stark genug, um die Importeure zur Lieferung einer gesundheitlich einwandfreien Ware anzuhalten. Schließlich sei an die maßlose, bisweilen 300—400 % erreichende Preissteigerung für Futtermittel nach Ausbruch des Weltkrieges erinnert. Eben weil ihr Einfluß kein ausreichender war, mußten die genossenschaftlich organisierten Verbraucher eine solche gröbliche Ausnutzung der Konjunktur sich bieten lassen. Wohl verkauften sie ihrerseits häufig unter den Marktpreisen, indes war der Druck dieses genossenschaftlichen Wettbewerbes nicht kräftig genug, um den Handel zu einer entsprechenden Preisermäßigung zu zwingen. So war es begreiflich, daß es zu gesetzgeberischen und behördlichen Maßnahmen kam, um die Futtermittelversorgung während des Krieges in geordnete Bahnen zu lenken.

Auch für die sonstigen landwirtschaftlichen Bedarfsartikel erscheint der Anteil der Bezugsorganisationen vorerst noch geringfügig. Bei Kohlen erklärt sich das unter anderem aus dem Umstand, daß das beherrschende Rheinisch-Westfälische Kohlensyndikat einen direkten Verkehr mit den Zentralgenossenschaften abgelehnt und diese an die Kohlenkontore und deren Agenten verwiesen hat. Da der Kohlenbedarf der Landwirtschaft ein zeitlich stark schwankender ist, es aber an Lagerräumen bei den Landwirten und Genossenschaften noch vielfach fehlt, so ist das Verhalten des Syndikats wohl zu verstehen. Seine Riesenerzeugung ist auf eine große, tunlichst gleichmäßige Abnahme angewiesen. Dagegen haben die Zentralgenossenschaften bei den fiskalischen Zechen in Oberschlesien und im Saarrevier, sowie bei einer großen Berliner Kohlenhandelsfirma Entgegenkommen gefunden. Mit ihnen haben, wie im ersten Abschnitt erwähnt, seit einer längeren Reihe von Jahren namentlich östliche Zentralgeschäftsstellen umfangreiche Kohlenabschlüsse getätigt. — Mancherlei besondren Schwierigkeiten begegnet auch der genossenschaftliche Maschinenbezug. Die große Zahl der vorhandenen Fabriken landwirtschaftlicher Maschinen — schon 1907 wurden 1757 (Haupt-) Betriebe der Art gezählt —, die Verschiedenheit ihrer Fabrikate, die je nach den Boden-Anbauverhältnissen und den Gewohnheiten sehr mannigfaltigen Ansprüche der Landwirte erschweren den genossenschaftlichen Bezug. Namentlich die Vermittlung durch die zentralen Maschinenverkaufsstellen des Reichsverbandes und des Generalverbandes ist durch eine solche Verschiedenartigkeit der Ansprüche in den einzelnen Provinzen und Bundesstaaten erschwert worden. Aus ähnlichen Gründen dürfte auch der gemeinsame Bezug von Saatgut und sonstigen Bedarfsartikeln vorerst noch ein verhältnismäßig bescheidener sein. Ziffernmäßige Nachweise lassen sich indes, mangels nötiger Unterlagen, nicht erbringen.

5. Die Zentralisation der gemeinsamen Bezüge.

Der Erfolg der gemeinsamen Bezugstätigkeit ist wesentlich bedingt oder doch gesteigert worden durch ihre geschäftliche Zentralisation. Erst die Vereinigung zu Zentralgenossenschaften und ähnlichen Zentralgeschäftsanstalten hat die kleinen örtlichen Bezugsstellen zu bedeutsamen Gliedern des Warenverkehrs gemacht. Diese Erkenntnis ist, von wenigen Ausnahmen abgesehen, Allgemeingut der landwirtschaftlichen Genossenschaftskreise geworden. Sie hat es bewirkt, daß der gemeinsame Bezug sich in der Hauptsache durch Vermittlung der Zentralstellen vollzieht. Diese sind dadurch zu leistungsfähigen Großhandelsunternehmungen herangewachsen, die vielfach in ihrem Bezirk die führende Rolle spielen. Einige Ziffern mögen den Umfang ihrer Geschäftstätigkeit erläutern.

Die im Reichsverband vereinigten 24 Zentral-Ein- und Verkaufsgenossenschaften wiesen im Jahre 1913 einen Bezug auf von 64,5 Mill. Zentnern im Werte von 191,83 Mill. Mk., die dem Generalverband angehörigen selbständigen sieben Warenzentralen bzw. fünf Warenabteilungen der Landwirtschaftlichen Zentraldarlehnskasse einen solchen von 79 Mill. Mk.

Durchschnittlich entfiel auf jede Zentralgenossenschaft des Reichsverbandes ein Absatz von 7,9 Mill. Mk., auf jede Warenzentrale (Filiale) des Generalverbandes ein solcher von 6,6 Mill. Nach der Größe ihres Verbandsbezirkes, wie nach der Entwicklung ihrer Geschäftstätigkeit schwankt indes jener Betrag im einzelnen sehr erheblich zwischen 597 385 Mk. bei der Zentral-Ein- und Verkaufsgenossenschaft Wiesbaden und 23,41 Mill. Mk. bei der Pommerschen Landwirtschaftlichen Hauptgenossenschaft in Stettin. Sieben von jenen 36 Zentralen hatten einen geringeren Absatz als 2 Mill. Mk., demgegenüber überschritt er bei achten die Summe von 10 Mill. Mk. Diese stellen genossenschaftliche Großhandelsbetriebe dar, die mit ihrer sachgemäßen inneren Geschäftsorganisation, ihrem zahlreichen geschulten Beamtenpersonal, ihren technisch vollendeten Lager- und Transporteinrichtungen eine führende Stellung im Handel ihres Bezirkes einnehmen.

Ein Vergleich mit den für die Einzelgenossenschaften früher genannten Ziffern läßt erkennen, daß der genossenschaftliche Warenbezug sich in der Tat vornehmlich durch Vermittlung der Zentralgenossenschaften vollzieht. Der Wert der Warenbezüge im Reichsverband und im Generalverband wurde, wie auf S. 38 erwähnt, auf etwa 350 Mill. Mk. berechnet. Da der Absatz der Zentralen zusammen 270,83 Mill. Mk. betrug, so wurden danach über drei Viertel des Gesamtbezuges (77,4 %) durch Vermittlung der Zentralgenossenschaften gedeckt. Das bedeutet eine sehr beachtenswerte organisatorische Leistung, welche die andrer Berufsstände bei weitem übertrifft. So sind die gewerblichen Rohstoffgenossenschaften von einer auch nur annähernd entsprechenden Zentralisation weit entfernt und ähnliches gilt, trotz aller starken Bemühungen, auch für die städtischen Konsumvereine. Es entnehmen die zum Zentralverbande deutscher Konsumvereine in Hamburg gehörenden Konsumvereine nur etwa ein Drittel ihres Bedarfs von ihrer Zentrale, der Großeinkaufsgesellschaft deutscher Konsumvereine. Die stärkere Konzentration der genossenschaftlichen Bezüge in der deutschen Landwirtschaft erklärt sich zum Teil aus wirtschaftlichen Gründen — dem erheblichen Umfang der Syndikatsartikel — sowie aus einer größeren Gleichmäßigkeit des Bedarfs. Persönliche und örtliche Geschmacksunterschiede treten nicht in dem Maße hervor, wie bei persönlichen und häuslichen Bedarfsartikeln. Zum anderen sprechen aber auch organisatorische Gründe mit. Der systematisch betriebene verbandliche Aufbau des landwirtschaftlichen Genossenschaftswesens, eine eindringliche genossenschaftliche Schulung, namentlich aber die meist fehlende selbständige kaufmännische Leitung der einzelnen örtlichen Genossenschaften haben den zentralen Bezug wesentlich gefördert.

Auf die einzelnen Gattungen von Bedarfsartikeln entfielen, wie schon erwähnt, bei den Zentralgenossenschaften:

auf Düngemittel	123	Mill.	Mk.
„ Futtermittel	98,7	„	„
„ Kohlen	20,5	„	„
„ Maschinen	11,7	„	„
„ Saatgut	9,3	„	„
„ Sonstige Bedarfsartikel	7,5	„	„
Summa:	270,7	Mill.	Mk.

In welchem Grade die Bezugszentralisation bei diesen einzelnen Gattungen entwickelt ist, läßt sich nicht zuverlässig berechnen. Es fehlen genaue Angaben sowohl über den Gesamtbezug der Verbandsgenossenschaften, wie über die Zusammensetzung dieses Gesamtbezuges. Nach den vorhandenen lückenhaften Unterlagen, sowie den früheren Betrachtungen ist allerdings zu schließen, daß die Zentralisation beim Düngemittelbezug mit seinen zahlreichen Syndikatsartikeln am stärksten ausgeprägt ist. Weitere, ins einzelne gehende Mitteilungen über die verschiedenen Arten der Bedarfsartikel werden für die Zentral-Ein- und Verkaufsgenossenschaften des Reichsverbandes in dessen Jahrbuch veröffentlicht. Danach wurden von diesen Zentralgenossenschaften im Jahre 1913 abgesetzt:

Düngemittel	Zentner		
Chilisalpeter	2 035 411		
Schwefelsaurer Ammoniak	4 128 411	530 029 (Schwefelsaurer Ammoniak und Superphosphat)	471 103 (Schwefelsaurer Ammoniak bis Fisch-Guano)
Superphosphat	1 811 400		
Ammoniaksuperphosphat	1 508 936		
Knochenmehl	101 158		
Peru-Guano	105 828		
Fisch-Guano	7 599		
Thomasmehl	9 087 262		
Kalisalze	10 983 468		
Kalk	1 871 283		
Sonstige Düngemittel	1 780 668		
Sa.	33 421 424		

im Werte von 89,38 Mill. Mk.

Der Menge nach treten Kalisalze und Thomasmehl sehr stark hervor, auf sie entfallen etwa 60 % der Bezugsmenge. Geringer ist ihr Anteil am Bezugswert; er ist für Kalisalze auf etwa 17 Mill. Mk., für Thomasmehl auf etwa 18 Mill. Mk. zu berechnen. Dem Bezugswert nach steht vielmehr Chilisalpeter, dessen Wert auf etwa 25 Mill. Mk. zu veranschlagen ist, obenan.

Erheblich mannigfaltiger waren die von den Zentralgenossenschaften des Reichsverbandes abgesetzten Futtermittel. Für das Jahr 1913 betrug der Absatz von:

	Zentner
Baumwollensaatmehl	697 756
Kokoskuchen	267 413
Erdnußkuchen (Kuchenmehl) . .	429 683
Palmkuchen(mehl, -schrot) . .	424 396
Sesamkuchen(mehl)	132 139
Mohnkuchen(mehl)	41 270
Leinkuchen(mehl)	640 838
Rapskuchen(mehl)	135 456
Reisfuttermehl	263 834
Roggenkleie	746 641
Weizenkleie	1 474 069
Graupenfutter, Gerstenschrot .	155 115
Biertreber	238 813
Malzkeime	25 575
Getreide-Maisschlempe . . .	111 481
Mais, Gerste, Hafer	3 446 062
Maisölkuchen, Kraftfutter . .	46 140
Fleischfuttermehl.	19 761
Sonstige Futtermittel	2 398 632
Zusammen:	11 695 074 Zentner.

im Werte von 65,36 Mill. Mk.

Der umfangreiche Posten — sonstige Futtermittel in Höhe von rund 2,4 Mill. Zentner — schließt noch eine Fülle weiterer Futtermittel in sich, so daß der zentrale Futtermittelbezug demnach an Mannigfaltigkeit dem von Düngemitteln erheblich voransteht. Darin liegt es mitbegründet, daß die genossenschaftliche Organisation des Futtermittelbezuges bisher verhältnismäßig sich schwächer entwickelt hat. Einzelne Futtermittelarten treten demgemäß der Menge und dem Werte nach nicht so stark in den Vordergrund, wie es bei Düngemitteln der Fall war. Für die übrigen Bezüge der Zentralgenossenschaften des Reichsverbandes – Kohlen für 12,7 Mill. Mk., Saatgut 6,1 Mill. Mk., Maschinen 4,4 Mill. Mk., sonstige Bedarfsartikel 2,5 Mill. Mk. — liegen spezialisierte Angaben nicht vor.

6. Der gemeinsame Absatz landwirtschaftlicher Erzeugnisse durch die Bezugsorganisationen.

Die vorstehende Darstellung der Geschäftsumsätze bei den örtlichen Bezugsorganisationen und ihren Zentralen bedarf noch einer Ergänzung. Neben dem Bezug landwirtschaftlicher Bedarfsartikel haben sie häufig und in erheblichem Umfange den Absatz landwirtschaftlicher Erzeugnisse übernommen. Nach den durchaus nicht vollständigen Angaben im Jahrbuch des Reichsverbandes für 1914 setzten im Jahre 1913 an landwirtschaftlichen Erzeugnissen ab:

126 Bezugsgenossenschaften für	. . .	61,2 Mill. Mk.
364 Spar- und Darlehnskassen für	. .	7,6 „ „
9 Molkereigenossenschaften für	. . .	0,7 „ „

Das Jahrbuch des Generalverbandes beziffert den Absatz landwirtschaftlicher Erzeugnisse für das gleiche Jahr bei

203 Spar- und Darlehnskassen auf	. . . .	2,64 Mill. Mk.
13 An- und Verkaufsgenossenschaften auf	.	7,04 „ „

Beide Angaben sind, wie erwähnt, bei weitem nicht vollständig. Fast ausschließlich handelt es sich bei den gemeinschaftlich abgesetzten Erzeugnissen um Getreide. So wurden von 249 Bezugsgenossenschaften des Reichsverbandes 7,46 Millionen Zentner Getreide im Wert von etwa 65 Mill. Mk. abgesetzt, bei den Spar- und Darlehnskassen des Generalverbandes entfielen von einem Gesamtabsatz von 2,6 Mill. auf Getreide 2,2 Mill. Mk. In geringen Mengen und Wertbeträgen erscheinen daneben Kartoffeln, Vieh, Obst, Gemüse, Trauben, Wein, Tabak, Eier und sonstige landwirtschaftliche Erzeugnisse. Der Absatz dieser Erzeugnisse vollzieht sich in der Hauptsache durch besondere Absatz- bzw. Produktivgenossenschaften, wie Vieh-, Eier-, Gemüse-, Obstverkaufs-, Winzer-, Molkereigenossenschaften usw. Im übrigen wird auch der Getreideabsatz noch in erheblichem Umfang von besonderen Getreideverkaufs(Kornhaus-, Lagerhaus-)genossenschaften betrieben. Genaue ziffernmäßige Angaben hierüber liegen nicht vor.

Die territoriale Verbreitung des Produktenabsatzes durch die Bezugsorganisationen ist keine gleichmäßige. Bei den Bezugsgenossenschaften des Reichsverbandes entfallen vom gesamten Verkaufswert in Höhe von 61 Mill. Mk. auf die Bezugsgenossenschaften in:

Pommern	38,2 Mill. Mk.
Posen	10,5 „ „
Königreich Sachsen . . .	8,2 „ „
Zusammen:	56,9 Mill. Mk.

bei den Spar- und Darlehnskassen des Reichsverbandes von einem gesamten Verkaufswert von 7,6 Mill. Mk. auf die Kassen in

Posen	1,2 Mill. Mk.
Bayern	2,7 „ „
Königreich Sachsen . . .	3,4 „ „
Zusammen:	7,3 Mill. Mk.

Im Generalverband bei einem Verkaufswert von 7,04 Mill. Mk. auf die An- und Verkaufsgenossenschaften in

Ostpreußen	4,00 Mill. Mk.
Thüringen	1,64 „ „
Reg.-Bez. Kassel	1,36 „ „
Zusammen:	7,00 Mill. Mk.

Es treten danach die Provinzen Pommern, Posen, Ostpreußen, das Königreich Sachsen, Bayern, Thüringen, Reg.-Bez. Kassel hinsichtlich der Größe des gemeinschaftlichen Absatzes stark hervor. In den übrigen Provinzen bzw. Bundesstaaten ist der gemeinschaftliche Absatz entweder an sich weniger entwickelt oder er wird von den besondren Absatz-(Getreideverkaufs-)genossenschaften betrieben.

In steigendem Umfange hat sich für den Absatz dieser landwirtschaftlichen Erzeugnisse der gemeinsame Verkauf durch die Warenzentralen der Verbände vollzogen. Es wurden durch die Zentralgenossenschaften (Zentralgeschäftsanstalten) des Reichsverbandes und des Generalverbandes abgesetzt:

1908:	58,7	Mill. Mk. landwirtschaftliche Erzeugnisse
1911:	87,8	„ „ „ „
1913:	134,5	„ „ „ „

Fast ausschließlich handelt es sich dabei um Getreide. Von dem gesamten Verkaufswert in Höhe von 134,5 Mill. Mk. kamen auf den Absatz von

Getreide	130,5	Mill.	Mk.
Kartoffeln	1,6	„	„
Spiritus	2,1	„	„
Sonstiges	0,2	„	„

Soweit der Absatz anderer Erzeugnisse überhaupt zentralisiert worden ist, sind dafür besondre Zentralgeschäftsstellen gebildet worden.

Sie sind namentlich für Vieh, Butter, Spiritus, Stärke entstanden und zu bedeutsamer Entwicklung gelangt. Auch für den Getreideabsatz bestehen noch einige kleinere besondre Zentralgenossenschaften. Ihr Absatz verschwindet indes gegenüber den Getreideumsätzen der Zentral-Ein- und Verkaufsgenossenschaften. Diese haben im Getreideabsatz eine führende Stellung errungen; mehr und mehr ist der früher von den örtlichen Genossenschaften einschließlich der besondren Kornhausgenossenschaften selbständig bewirkte Absatz auf die durch ihre höhere Leistungsfähigkeit und Sachkunde dazu berufenen Zentralgenossenschaften übergegangen. Zu einer solchen Erweiterung ihrer Geschäftstätigkeit sind fast alle Zentralgenossenschaften geschritten: von den 24 Warenzentralen des Reichsverbandes deren 19, von den 12 Zentralen bzw. Warenabteilungen des Generalverbandes sämtliche. Der Umfang des Getreideumsatzes ist allerdings in den einzelnen Bezirken sehr verschieden; die östlichen Provinzen Preußens mit ihrer umfangreichen Erzeugung von Verkaufsgetreide stehen dabei erklärlicherweise obenan. Es betrug der Getreideabsatz bei den Warenzentralen in

Ostpreußen	3,7	Mill.	Mk.
Westpreußen	38,7	„	„
Pommern	21,9	„	„
Posen	13,9	„	„
Brandenburg	10,9	„	„
Zusammen:	89,1	Mill.	Mk.

Auf diese fünf Provinzen entfielen demnach 68 % des zentralisierten Getreideabsatzes. Erhebliche Bedeutung hat er fernerhin in den Provinzen Sachsen, Hannover, Bayern, Kgr. Sachsen, Baden, Thüringen, Braunschweig gewonnen. In welchem Maße es den Zentralen gelungen ist, den genossenschaftlichen Getreideabsatz ihres Bezirkes einheitlich in ihrer Hand zusammenzufassen, läßt sich zahlenmäßig nicht feststellen. Es fehlen, wie schon erwähnt, genaue Angaben über den

Gesamtumfang des genossenschaftlichen Getreideabsatzes. Die vorstehenden Ziffern legen immerhin den Schluß nahe, daß eine solche einheitliche Konzentration in zahlreichen Bezirken erfolgreich durchgeführt ist und damit die Zentralgenossenschaften zu sehr beachtenswerten, einflußreichen Großhandelsunternehmungen auch im Getreideabsatz erstarkt sind.

7. Wirtschaftliche Vorteile des gemeinsamen Bezuges.

Die Vorteile des gemeinsamen Bezuges ergeben sich aus dem Wesen genossenschaftlichen Zusammenschlusses. Die Genossenschaft ist nicht, wie ein privater Handelsbetrieb, ein auf Gewinn ausgehendes Erwerbsunternehmen. Ihr Zweck ist nicht, zu verdienen, sondern dem Interesse ihrer Mitglieder zu dienen. Möglichst vorteilhaft, d. h. gut und billig einzukaufen, das ist Aufgabe der Bezugsorganisationen und darin beruht zunächst ihr wirtschaftlicher Nutzen für die Mitglieder. Die Fürsorge für die Güte der Ware sei dabei an erster Stelle genannt. Diesem Beweggrund verdankten, wie wir sahen, die ersten Bezugsorganisationen der 50 er und 60 er Jahre ihre Entstehung. Sehr mit Recht ermahnen die genossenschaftlichen Organisationen auch gegenwärtig noch ständig ihre Mitglieder, vor allem auf die Güte und nicht nur auf den Preis der Ware zu achten.

Eine erhöhte Sicherheit für die Güte der Ware gewährleistet der genossenschaftliche Bezug in erster Linie dadurch, daß er eine systematische Überwachung der Beschaffenheit der Bedarfsartikel bewirkt. Entscheidend für den Preis und Gebrauchswert landwirtschaftlicher Bedarfsartikel ist ihr Gehalt an nutzbringenden Mineral- oder Nährstoffen, an Keimfähigkeit, Reinheit, Verdaulichkeit und ähnlichen Eigenschaften. Diese sind nur in krassen Fällen äußerlich für das Auge oder den Geruch erkennbar, vielmehr zumeist nur auf dem Wege der chemischen Analyse festzustellen. Eine solche Analyse vermag der kleine Bezieher schon mit Rücksicht auf die Kosten nicht vornehmen zu lassen. Bei einem Bezug von 10 Zentnern Kainit im Werte von etwa 6 Mk. oder von 10 Zentnern Thomasmehl im Werte von 20 Mk. lohnen sich nicht Untersuchungskosten im Betrage von 6—8 Mk. Weitere Erschwernisse bilden die Umständlichkeiten der Probenahmevorschriften, die Scheu vor den Unbequemlichkeiten eines schiedsrichterlichen bzw. gerichtlichen Verfahrens, in vielen Fällen aber noch die gänzlich fehlende Kenntnis von den Grundbegriffen moderner Agrikulturchemie. Sind doch auch heute noch Hunderttausende kleinerer, bisweilen auch größerer Landwirte zu finden, denen Zusammensetzung und sachgemäße Verwendung landwirtschaftlicher Bedarfsartikel ein Rätsel geblieben sind. Unkenntnis und Mißtrauen, die z. B. früher zu einem heimlichen Ausstreuen des „giftigen" Kunstdüngers aus Furcht vor nachbarlichem Spott veranlaßten, sind keineswegs allenthalben verschwunden. Die Folge ist, daß bei dem isolierten Bezug kleiner Landwirte in den seltensten Fällen eine Nachuntersuchung stattfindet. Mit dieser offenkundigen Tatsache rechnen zahlreiche unreelle Elemente des Handels. Sie verkaufen minderwertige Bedarfsartikel mit und ohne Garantieleistung im Vertrauen auf das Ausbleiben einer Nachuntersuchung. Das bezeugen die Untersuchungsergebnisse der Versuchsstationen. Jedoch noch größer ist die Zahl der Fälle, in denen eine Nachuntersuchung überhaupt nicht stattfindet. Einige wenige Beispiele aus jüngster Zeit mögen die auch gegenwärtig noch weitverbreiteten Mißstände im Bedarfsartikelhandel kennzeichnen. Sie ließen sich in unabsehbarer Fülle vermehren.

So hat neuerdings die landwirtschaftliche Versuchsstation Leipzig-Möckern eine eindringliche Warnung vor der Verwendung nachstehender, minderwertiger Düngemittel erlassen [1]. Sie warnt dort vor dem Animalischen Stickstoffdünger der Frankfurter Düngemittelgesellschaft m. b. H. Es werden darin zirka 3 % Stickstoff, zirka 3 % Phosphorsäure und 30 % organische Substanzen garantiert. Die Analysen ergaben indes beträchtlich geringere Gehaltsprozente. Statt des Verkaufspreises von 5—6 Mk. betrug der wirkliche Wert des Stickstoffdüngers danach höchstens 1,25—1,50 Mk. Das Gleiche gilt von dem Universaldünger „Gloria" der Chemischen Werke „Gloria" in Gaschwitz bei Leipzig. Dieser „Universaldünger" wird gleichfalls für 5—6 Mk. der Zentner verkauft, während sein Gebrauchswert sich nur auf 1,50 Mk. berechnet. Ein sehr zweifelhaftes Erzeugnis ist ferner der Organische Stickstoffdünger der Firma Wurm-Leipzig. Dieses Düngemittel enthält zwar bis zu 6 % Gesamtstickstoff, aber solche Mengen an Rhodanverbindungen (pflanzenschädlichen Bestandteilen), daß es für Düngungszwecke unbrauchbar wird. Trotzdem nimmt die genannte Firma für dieses schädliche Produkt von den Landwirten 7—8 Mk. für den Zentner. Der Brandiser Universaldünger der Firma Otto Schulz in Brandis hat einen reellen Wert von 3 Mk., der Verkaufspreis betrug

[1] Genoss. Presse 1915, Nr. 14, S. 310.

vor Ausbruch des Krieges 6 Mk., dann 9 Mk. Den durch den Krieg entstandenen Mangel an Stickstoffdünger machte sich ein Viehhändler in Liebertwolkwitz dadurch zunutze, daß er Salz, welches sonst zum Konservieren von Häuten benutzt wurde und keine Spur von Stickstoff enthielt, als Ersatz für Chilisalpeter verkaufte. Würdig reiht sich diesen Erzeugnissen der Deutsche Guano der bereits genannten Firma Otto Schulz in Brandis an. Er besteht in der Hauptsache aus Abfallprodukten der Gasfabrikation und enthält neben geringen Mengen Gesamtstickstoff (5,54—6,65 %), Gesamtphosphorsäure (0,39—2 %) wiederum Rhodanverbindungen, also Pflanzengifte. Noch schlimmere Verhältnisse walten auf dem Futtermittelmarkt. Die durch den Krieg entstandene Knappheit an Futtermitteln bot skrupellosen Fabrikanten und Händlern eine willkommene Gelegenheit, wertlose oder sehr minderwertige, nicht selten gesundheitsschädliche Fabrikate auf den Markt zu bringen. Eine kleine Blütenlese hat hier die landwirtschaftliche Versuchsstation Darmstadt mitgeteilt[1]. Eine von ihr untersuchte Partie Palmkuchen enthielt 17 % Sand und war danach als Futtermittel unbrauchbar. Eine Partie sogenannter Holzkleie bestand lediglich aus Sägemehl. Graupenfutter bestand aus zwei Dritteln Getreidespelzen und einem Drittel Kreide (kohlensaurer Kalk). Als Futtermittel war das Produkt wertlos. Das Gleiche galt von einem Haferfuttermehl, ebenfalls einer Mischung von Spelzen und kohlensaurem Kalk. Ölkuchenabfälle waren verunreinigt durch zahlreiche Käfer, Holzteile und 18 % Sand. Dazu kamen Fälle, in denen durch Besichtigung der Ware ohne weiteres deren Minderwertigkeit oder Unbrauchbarkeit festgestellt wurde. So heißt es von einer größeren Partie Erdnußkleie: „Die Ware ist teilweise verschimmelt, wieder getrocknet und jetzt zusammengeknollt. Die Bestände können unter keinen Umständen Anspruch auf die Bezeichnung Futtermittel machen. Als solche sind sie nicht nur vollständig ungeeignet und wertlos, sondern ich halte sie für die Tiere schädlich und direkt gefährlich." Bei einer Partie Reisklee fanden sich Kieselsteine, Lehmknollen, sogar Stiefelabsätze und sonstiger Unrat, so daß eine Verwendung als Futtermittel ausgeschlossen war.

Es sei zugegeben, daß die Knappheit und Verteuerung der landwirtschaftlichen Bedarfsartikel während des Krieges gewissenlose Händler und Fabrikanten zur Lieferung minderwertiger Ware in besonderem Maße verleitet hat. Indes auch in normalen Zeiten sind solche

[1] Genoss. Presse 1915, Nr. 19, S. 424.

groben Mißstände noch recht häufig. Das bekunden ziffernmäßig die Untersuchungsergebnisse bei den Zentralgenossenschaften. Von 30 225 Proben, die im Jahre 1913 bei 13 Zentralgenossenschaften des Reichsverbandes untersucht wurden, wiesen 11 265 einen geringeren als den garantierten Gehalt auf. Dabei waren die Zentralgenossenschaften und deren Lieferanten doch zweifellos bestrebt, eine einwandfreie, der Garantie entsprechende Ware zu liefern. Es läßt sich daher vorstellen, in welchem großen Umfang die Lieferung geringwertiger Ware bei dem nicht-genossenschaftlichen Handel verbreitet sein muß. Bemerkt sei übrigens, daß solche Lieferungen nicht immer in bewußter Absicht geschehen. Auch die Kleinhändler sind über den Wert ihrer Ware häufig nicht unterrichtet.

Fast schlimmer als die entstehenden direkten materiellen Nachteile aus solchen Geschäften sind die indirekten. Der mit wirkungslosem Dünger, mit gesundheitsschädlichen Futtermitteln und untauglichem Saatgut betrogene Landwirt erleidet nicht selten einen erheblichen Verlust in seiner Acker- oder Viehwirtschaft. Er verliert dadurch das Vertrauen zu der Wirkung der empfohlenen Stoffe überhaupt, zu den Lehren der Wissenschaft und ihrer Verbreitung durch Versuchsstationen, Landwirtschaftskammern, Genossenschaftsverbände. Dem ohnehin langsamen Fortschritt in der Technik und Betriebsführung des Mittel- und Kleinbetriebs werden damit neue Hemmnisse in den Weg gelegt.

Die Beseitigung dieser Mißstände, die Fürsorge für eine gute, der Garantie entsprechende Zusammensetzung der landwirtschaftlichen Bedarfsartikel erscheint demnach als die vornehmste Aufgabe der Bezugsorganisationen. Schon ihr Streben, von reellen, angesehenen Firmen zu beziehen, nach Gehaltsgarantie zu kaufen und zu liefern, bietet von vornherein eine gewisse Gewähr für die Güte der Ware. Erhöhte Sicherheit wird aber erst durch die Nachuntersuchung erreicht, wie sie der gemeinsame Bezug wirtschaftlich ermöglicht und systematisch fördert. Denn bei einem Preis von etwa 250 Mk. für den gemeinsam bezogenen Waggon Kainit, von 500 Mk. für den Waggon Thomasmehl oder gar von 2500 Mk für den Waggon Chilisalpeter können Untersuchungskosten im Betrage von 6—8 Mk. unbedenklich verausgabt werden. Um so mehr wenn beim Waggonbezug durch die Fabrikanten oder Zentralgenossenschaften eine Freianalyse gewährt wird, wie das bei zahlreichen Bedarfsartikeln Handelsgebrauch ist. Beim gemeinsamen Bezug vermindert sich weiter die Scheu vor den Umständlichkeiten der Probenahmevorschriften oder ihre unrichtige Anwendung, da die Genossenschaftsorgane durch die Erfahrung mit ihnen besser als der einzelne kleine Landwirt vertraut sind. So ist es in erster Linie dem genossenschaftlichen Bezug zu verdanken, daß die Nachuntersuchung von Bedarfsartikeln erheblichen Umfang gewonnen hat und damit eine Besserung in den früher obwaltenden ungesunden Verhältnissen erreicht wurde. Das hat schon vor 40 Jahren der langjährige Leiter der Darmstädter landwirtschaftlichen Versuchsstation, Geheimrat Paul Wagner, bekundet, indem er im Jahre 1877 schrieb: „Der Düngerhandel ist seit sechs Jahren in ganz andere Bahnen gelenkt worden. Den landwirtschaftlichen Konsumvereinen ist es zuzuschreiben, daß der Düngerhandel im Großherzogtum Hessen — für viele Bezirke wenigstens — eine mustergültige Gestalt gewonnen hat." Dieser Umschwung sei zurückzuführen auf die Nachuntersuchungen, welche die Genossenschaften systematisch gefördert hätten. „Von wem" — so fragt Wagner — „erhält die Versuchsstation die meisten Einsendungen an Düngerproben? Von den Konsumvereinen. Auf je 100 von Konsumvereinen stammenden Düngerproben sind im vergangenen Jahr nur 32 von Einzelkonsumenten eingegangen." Auch in der Gegenwart dürfte die Mehrzahl der von den Untersuchungsstationen geprüften Proben auf die von den landwirtschaftlichen Bezugsorganisationen bewirkten Einsendungen erfolgen. Wurden doch allein bei 14 Zentralgenossenschaften des Reichsverbandes 38 951 Nachuntersuchungen veranlaßt. Allerdings ist auch bei diesem genossenschaftlichen Bezug die Nachuntersuchung noch nicht Regel geworden, da nur etwa der vierte Teil der gelieferten Mengen zur Prüfung gelangt. Immerhin wird durch eine solche Kontrolle bereits eine nützliche Überwachung des Handels und der Fabrikation ausgeübt. Sie erstreckt ihre Rückwirkungen auch auf den nicht-genossenschaftlichen Handel. Schon jetzt veranlassen nicht selten Genossenschaften eine Nachuntersuchung der scheinbar billigeren Lieferungen des Handels, ein Verfahren, dessen vermehrte Anwendung von den Verbandsorganisationen nachdrücklich empfohlen wird. So wirkt der gemeinsame Bezug direkt und indirekt auf eine weitere Gesundung des Handels in landwirtschaftlichen Bedarfsartikeln hin. Allerdings wird es namentlich bei Futtermitteln noch einer erheblich weiteren Entfaltung der gemeinsamen Bezugstätigkeit bedürfen, um einen wirklich nachhaltigen und umfassenden Druck auszuüben.

Die Fürsorge für die Güte der Ware wurde hier an erster Stelle genannt, weil sie, wenigstens von den leitenden Kreisen, sehr mit Recht als der wichtigste Vorteil der Bezugsorganisationen betrachtet wird. Die große Masse der Verbraucher ist freilich leicht geneigt, den Nutzen des gemeinsamen Bezuges rein rechnerisch nach der Ersparnis am Einkaufspreise zu bewerten. Eine solche ist, sofern die gleiche Qualität geliefert wird, beim gemeinsamen Bezug im allgemeinen gegeben. Es bedarf keiner eingehenden Erläuterung, daß bei einer einheitlichen Abnahme von einem oder mehreren Waggons der Verkaufspreis für den Zentner sich niedriger stellt als bei einer zersplitterten Abnahme in einzelnen, nur einige Zentner umfassenden Posten. Es kommen neben der beträchtlichen Ersparnis an Transportkosten all die erheblichen Unkosten in Fortfall, welche der Händler für die Arbeit des Verteilens, für Verzinsung, Unterhaltung eines Lagers, für Verluste und Wertverminderung durch Lagern, für die Mühe und das Risiko des Einzugs seiner Forderungen von einer Vielheit von Abnehmern in Anrechnung bringen muß. Allerdings treten diese Vorteile nur dort voll in Erscheinung, wo die Landwirte die gemeinsam bestellten Waren sofort vom Waggon übernehmen. Muß hingegen die Genossenschaft ein Lager unterhalten, dann entstehen ihr dafür etwa die gleichen Kosten wie dem Handel. Erspart wird indessen in allen Fällen der ehedem beim Fehlen eines ausreichenden Wettbewerbs häufig recht reichliche Unternehmergewinn des Handels. Denn die Genossenschaft will nicht, wie schon gesagt, möglichst viel verdienen, sondern ihren Mitgliedern möglichst viel dienen. Sie kann sich mit einem bescheidenen Gewinn um so mehr begnügen, als in der Hauptsache die Verwaltungsorgane ihre Dienste unentgeltlich oder gegen eine überaus mäßige Vergütung leisten. Verstärkt werden diese Vorteile durch den Zusammenschluß der örtlichen Bezugsstellen zu großen, leistungsfähigen, sachverständig geleiteten Zentralen.

Die durch den Wettbewerb der Bezugsorganisationen herbeigeführte Preisermäßigung hat sich erklärlicherweise am schärfsten bei der Aufnahme des Bezugsgeschäftes geltend gemacht. Späterhin wurde sie weniger deutlich bemerkbar, weil einmal die Händler ihre Preise ermäßigten und zum anderen die Genossenschaften ihre Preise denen der soliden Händlerkonkurrenz anpaßten. Man muß sich daher der früher im ländlichen Kleinhandel bestehenden Preisverhältnisse erinnern. Als typisch darf vielleicht die Schilderung gelten, welche der

Begründer der landwirtschaftlichen Genossenschaftsorganisation in Pommern, von Knebel-Doeberitz, für die in seinem Heimatskreis vor 20–25 Jahren herrschenden Zustände gab[1]:

„Wir fanden in unserem Kreise, als wir die Genossenschaft gründeten, daß wir für Viehsalze zahlen mußten 2,25 Mk., nach Begründung der Genossenschaft hatten wir noch schönen Verdienst und lieferten das Salz zu 1,30 Mk. Kainit wurde zu 2 Mk. verkauft; wir konnten ihn zu 1,35 Mk. verkaufen bei 3 % eigenem Verdienst. Das Superphosphat kaufte ein kleiner Landmann zu 9,50 Mk., und zwar unkontrollierte Ware, während wir es damals zu 5,60 Mk. mit Garantie im kleinen abgeben konnten. Also 4 Mk. hatten die Leute Nutzen an einem Zentner Superphosphat, und welches Zeug das war, davon will ich lieber gar nicht reden. Thomasmehl wurde zu 7 % Phosphorsäure statt zu 18 % und Palmkuchen 5 Mk. zu teuer vom Zwischenhandel geliefert."

Eine ähnliche für die nähere Vergangenheit geltende Schilderung findet sich im Geschäftsbericht der Zentralgenossenschaft Dresden für 1902. Dort heißt es: „Als wir vor fünf Jahren das Bezugsgeschäft für eigene Rechnung in größerem Umfang aufnahmen, haben die Mitglieder wiederholt ihre große Zufriedenheit ausgesprochen, weil sie eingestandenermaßen diesen oder jenen Artikel um 60–80 Mk. pro Ladung durch uns billiger kaufen konnten als früher.... Heute sind diese Vorteile nicht mehr so augenfällig, weil sich die Händler nach und nach unseren Forderungen anpassen mußten. Immerhin wird der Nutzen, den die Genossenschaften und die Zentralgenossenschaften haben, von den neuen Mitgliedern lebhaft empfunden. Denn fast jedesmal wird uns nach Eröffnung des Geschäftsbetriebes mitgeteilt, daß unsere Lieferungen die Händler veranlaßt hätten, ihre Preise herabzusetzen und den unsrigen gleichzustellen."

Deutlich wird hier zum Ausdruck gebracht, daß erst der Wettbewerb der Bezugsorganisationen den Handel zu einer angemessenen Ermäßigung seiner Preise zwingt. Wo ein solcher fehlt, da nehmen die Händler erheblich über den Großhandelspreis hinausgehende Aufschläge. So ließen sich Händler im Regierungsbezirk Wiesbaden den Zentner Kainit mit 2 Mk. bezahlen, während ihn Genossenschaften bereits für

[1] Verhandlungsbericht über den Verbandstag 1902 des Verbandes Pommerscher landwirtschaftlicher Genossenschaften, S. 13.

1,10 Mk. erhalten konnten[1]. Ganz besonders schlimm war die Ausnutzung der Landwirte dort, wo sie sich in finanzieller Abhängigkeit vom Händler befanden. War der Händler der Gläubiger des Landwirts und zugleich sein Abnehmer bzw. Lieferant von Getreide, Vieh, landwirtschaftlichen, persönlichen, häuslichen Bedarfsartikeln, so unterlag er bei der Lieferung von landwirtschaftlichen Bedarfsgegenständen gar oft einer gröblichen, häufig wucherischen Ausbeutung. Hier ist es das Verdienst der ländlichen Kreditgenossenschaften gewesen, den Landwirt aus solchen Wucherhänden befreit zu haben. Sie haben es ihm damit ermöglicht, seinen Bedarf bei den genossenschaftlichen Bezugsstellen zu soliden Bedingungen zu befriedigen. Gewiß mögen die durch gemeinsamen Bezug erzielten Preisermäßigungen nicht allenthalben und bei allen Artikeln so augenfällig gewesen sein wie in den vorerwähnten Beispielen. Eine sehr beträchtliche nach vielen Millionen zählende Ersparnis bleibt zweifellos das dauernde Verdienst des gemeinsamen Bezuges. Die Einwirkung auf die Preise würde noch stärker und allgemeiner sein, wenn der relative Umfang der gemeinsamen Bezüge ein größerer wäre. Das haben, wie schon erwähnt, jetzt während des Weltkrieges die Landwirte namentlich bei den Futtermittelpreisen empfunden. Die ganz maßlose, bis zu 400 % Steigerung der Preise hätte wohl erheblich in Schranken gehalten werden können, wenn eine wirklich umfassende Bezugsorganisation der Verbraucher bestanden hätte. Tatsächlich ist indes der Umfang des gemeinsamen Bezuges gerade bei Futtermitteln ein verhältnismäßig recht schwacher. Konnten die Bezugsorganisationen bei dieser Sachlage die Preistreibereien des Handels auch nicht verhüten, so haben sie diese doch ihrerseits nicht mitgemacht. Damit hat sich auch während der Kriegszeit ihr preisermäßigender Einfluß wenigstens in gewissem Umfange aufs neue geltend gemacht.

Eine weitere besonders nützliche Wirkung des gemeinsamen, insbesondre genossenschaftlichen Bezuges liegt in der Erziehung der Mitglieder zur Bar- oder doch zur tunlichst baldigen Zahlung. In diesem Punkt beweist der Kleinhandel nicht selten ein recht weites, geschäftlichem Eigennutz entspringendes Entgegenkommen. Er drängt den Kredit häufig auf, um seine Abnehmer in Abhängigkeit zu verstricken und später dann um so gründlicher auszubeuten. Gegen eine solche Borgmißwirtschaft kämpft mit Bewußtsein wie die städtische so auch

[1] Genoss. Presse 1906, S. 476.

die ländliche Genossenschaftsbewegung. Wie Raiffeisen in seiner grundlegenden Schrift, so empfahl auch der Reichsverband auf dem 1894 in Hannover abgehaltenen Genossenschaftstag, auf Einführung der Barzahlung bedacht zu sein. Demgemäß schreiben, wie schon erwähnt, die Geschäftsordnungen meist die Bezahlung 20—30 Tage nach erfolgter Lieferung vor und untersagen einen über drei Monate hinausgehenden Kredit. Allerdings hat sich diese Handhabung mit Rücksicht auf die längere Dauer des Produktionsprozesses in der Landwirtschaft, die Unsicherheit und Unregelmäßigkeit der Einnahmen des Landwirts nicht streng durchführen lassen. Hieraus ergibt sich des öfteren die Unvermeidlichkeit einer längeren Kreditgewährung; indes wird doch darauf geachtet, daß die geschuldeten Beträge innerhalb angemessener Frist, also etwa bis zur nächsten Ernte, eingehen. Das gilt auch in dem Falle, wo die Forderungen an die Spar- und Darlehnskassen abgetreten werden, bzw. diese die für den Warenbezug benötigten Mittel kreditieren. Denn es gehört nicht minder zu den Grundsätzen ländlicher Spar- und Darlehnskassen, die Rückzahlung von Darlehen ihrem Verwendungszweck anzupassen und auf pünktliche, regelmäßige Zins- und Kapitalrückzahlungen zu bestehen.

Die Gewöhnung an Barzahlung oder doch möglichst baldige Rückzahlung ist sowohl von wirtschaftlich-erzieherischem Einfluß auf die einzelnen Abnehmer, wie von hervorragender geschäftlicher Bedeutung für die Genossenschaften und deren Zentralen. Sie ermöglicht es diesen, ihre Lieferanten bar zu bezahlen und damit die günstigsten Einkaufsbedingungen zu erzielen. Als der Verband der hessischen landwirtschaftlichen Konsumvereine im Jahre 1882 statt der bisher üblichen sechsmonatlichen Kreditierung zur Barzahlung seiner Lieferanten überging, gewährte diese eine Preisermäßigung von vollen 10 %[1]. Ebenso beruhen in der Gegenwart die umfangreichen Geschäftsbeziehungen der Bezugszentralen zu den großen Verkaufssyndikaten auf ihrer jederzeitigen Fähigkeit zur Barzahlung. Diese findet in letzter Linie eine wesentliche Stütze in der Barzahlung der Mitglieder bei den Einzelgenossenschaften.

Die Bezugsorganisationen haben schließlich in sehr umfassender und tiefgehender Weise zur technischen Förderung des landwirtschaftlichen Betriebes beigetragen. Durch Broschüren, Flugblätter, Fachzeit-

[1] Fortschritt (früherer Titel der Deutschen landwirtschaftlichen Genossenschaftspresse) 1883, S. 5.

schriften, Ausstellungen, Vorträge, Instruktionskurse, Düngungs-, Fütterungsversuche, Maschinenprüfungen und ähnliche Veranstaltungen waren die zentralen landwirtschaftlichen und genossenschaftlichen Körperschaften mit Erfolg bemüht, die Kenntnisse von der sachgemäßen Anwendung landwirtschaftlicher Bedarfsartikel zu verbreiten. Die umfassende, vorbildliche Tätigkeit der Deutschen Landwirtschaftsgesellschaft für die technische Förderung der Landwirtschaft ist auch weiteren Kreisen bekannt, sei es auch nur durch die von ihr veranstalteten großen Ausstellungen. Weniger bekannt ist es und sei darum an dieser Stelle besonders betont, daß ähnlich die genossenschaftlichen Bezugsorganisationen — Verbände, Zentralgenossenschaften, Einzelgenossenschaften — sich in einer ihrem Wirkungskreise angepaßten Weise betätigen. Dank ihrer genauen Kenntnis der örtlichen Verhältnisse vermögen sie eine erfolgreiche Propaganda für die Anwendung der örtlich am meisten geeigneten Bedarfsartikel zu entfalten. Ein dahingehendes sachliches Interesse hat der private Händler nicht. Ihm ist es gleichgültig, ob er an einem für die betreffende Gegend geeigneten oder nicht geeigneten Artikel seinen Verdienst erzielt. Nur mittelbar besitzt er ein Interesse insofern, als durch Angebot geeigneter Ware sein Absatz und damit sein Gewinn sich steigern kann. Indes ist die Fähigkeit, das Geeignete vom Ungeeigneten zu unterscheiden, sowohl in landwirtschaftlichen Kreisen wie bei manchen Kleinhändlern noch öfter zu vermissen. Hierdurch bietet sich gewinnsüchtigen Händlern reiche Gelegenheit, ungeeignete, minderwertige Bedarfsartikel im größten Umfange abzusetzen. Abhilfe vermögen auch hier die Bezugsorganisationen zu schaffen. Als die berufenen Vertreter und Förderer der Verbraucherinteressen streben sie danach, die Anwendung preiswürdiger, für die örtlichen Verhältnisse besonders zu empfehlender Bedarfsartikel zu verbreiten. Die wirksamste Propaganda der Tat entfalten sie dabei durch die Lieferung der Bedarfsartikel in guter Beschaffenheit und zu angemessenen Preisen. Eine solche anregende Tätigkeit der Genossenschaften wird selbst von ihren Gegnern zugestanden. So erklärte 1902 auf einer Generalversammlung des Vereins der Großhändler in Düngestoffen und Futtermitteln ein Händler: „Es ist nicht zu verkennen, daß der Anschluß der kleinen Bauern an Bezugsgenossenschaften dazu beigetragen hat, diese zur Verwendung von Kunstdüngern und Kraftfuttermitteln anzuhalten, wodurch indirekt der Konsum gehoben wurde, was teilweise auch den Händlern zugute kam.“

Wie durch den gemeinsamen Bezug in Zusammenwirkung mit anderen fördernden Maßnahmen in den letzten Jahrzehnten der Wirtschaftsbetrieb der Klein- und Mittelbauern sich gehoben hat, dafür einige Beispiele. Eine anschauliche Schilderung gibt der Erfurter Raiffeisenbote für die Gemeinde Alshausen-Sievershausen in Braunschweig: „Die Ernten waren dort früher recht gering; infolge der Kalkarmut wuchsen die Futterkräuter sehr spärlich, und in den Viehställen war jahraus jahrein Schmalhans Küchenmeister. Aber jetzt sehen unsere Fluren ganz anders aus; nachdem in den letzten Jahren jährlich 5000 Zentner Düngekalk, 800 Zentner Thomasmehl, 1000 Zentner Ammoniak-Superphosphate, 500 Zentner Chilisalpeter unseren Feldern einverleibt wurden, wachsen Klee, Bohnen und alle anderen Leguminosen ganz vorzüglich bei uns, und alle Viehställe stehen voll bestgenährter Tiere. Getreideernten werden gemacht, wie sie von unseren Nachbarorten, die von der Natur viel besser begünstigt worden sind, nicht erzielt werden. Diese wirtschaftlichen Fortschritte und Verbesserungen sind größtenteils dem Spar- und Darlehnskassenverein zuzuschreiben. Konnte man doch vor einigen Jahren, als noch von den Landwirten mehrere dem Verein fernstanden, im Felde die Breiten der Vereinsmitglieder deutlich von den Breiten der Nichtmitglieder unterscheiden." Als Erfolg der gemeinsamen Bezüge einer Spar- und Darlehnskasse in Thüringen wird gerühmt, daß dank ihrer „auch der kleinste Besitzer und Pächter in die Lage versetzt ist, pro Morgen die hohen Erträge zu erzielen, die früher nur der größere intelligente Landwirt zu erzielen vermochte." Ähnliches gilt auch von der Viehhaltung. In der Beschreibung eines genossenschaftlich organisierten Dorfes im Regierungsbezirk Magdeburg heißt es: „Wenn in einer so kurzen Spanne Zeit von 12—14 Jahren die Zahl der Rindvieh haltenden, selbständigen Bauernwirtschaften eines einzelnen Dorfes sich um 49 % vermehren konnte, wenn der Rindviehbestand gar um 7,7 %, die Bevölkerung Deutschlands im gleichen Zeitraum jährlich nur etwas mehr als 1 % zunimmt, so gebührt der genossenschaftlichen Arbeit das Verdienst, diese sozialpolitisch entschieden günstige Entwicklung gefördert zu haben."

Diese aus den Kreisen der Genossenschaften selbst stammenden Zeugnisse heben wohl das eigne Verdienst etwas zu stark hervor. Gewiß ist der erzielte Fortschritt nicht allenthalben so augenfällig gewesen, zudem auch nicht die Wirkung der gemeinsamen Bezüge allein.

Zahlreiche, mannigfaltige Faktoren haben mitgeholfen — Wissenschaft, Fachpresse, Fachschulen, Landwirtschaftskammern, landwirtschaftliche Vereine, Versuchsstationen, auch andere Genossenschaftsarten, wie die Spar- und Darlehnskassen, Molkerei-, Viehzuchtgenossenschaften und sonstige. Immerhin verbleibt den gemeinsamen Bezugsorganisationen ein erheblicher Anteil an den erzielten technischen Fortschritten. Das gilt nicht nur von den örtlichen Bezugsstellen, sondern in gleicher Weise von ihren Zentralen. Erst der zentrale Einkauf veranlaßt den Bezug großer Mengen zu den günstigsten Bedingungen aus erster Hand und hat namentlich den großen Verkaufssyndikaten gegenüber den Einfluß der Käufer sichtlich gesteigert. Durch ihre fachmännische Geschäftsführung haben die Bezugszentralen eine sachgemäße, preiswürdige Bedarfsdeckung, insbesondre auch die Ausnutzung günstiger Marktkonjunkturen ermöglicht. Sie haben damit den örtlichen Bezugsstellen, die einer sachverständigen, kaufmännischen Geschäftsleitung meist ermangeln, das Risiko des Einkaufs abgenommen. Sie haben durch Vorsicht bei der Auswahl ihrer Lieferanten und durch nachdrückliche Förderung der Nachuntersuchungen gesteigerte Sicherheit für die Güte der Ware geboten. Nicht zuletzt waren sie in Zusammenwirkung mit den Genossenschaftsverbänden und allgemeinen landwirtschaftlichen Interessenvertretungen bemüht, die Anwendung preiswürdiger, den örtlichen Verhältnissen angepaßter Bedarfsartikel zu verbreiten, insbesondre auch praktisch erprobten neuen Artikeln Eingang zu verschaffen. Getragen von dem Vertrauen der Landbevölkerung, gestützt auf eine breite örtliche Organisation, waren ihre Bemühungen von sichtlichen Erfolgen gekrönt. Das haben noch die Erfahrungen der jüngsten Vergangenheit bekundet, als es galt, in kurzer Zeit die Landbevölkerung an die durch den Weltkrieg veranlaßte Umgestaltung unserer Wirtschaftsverhältnisse zu gewöhnen.

8. Schlußbemerkung.

Die Entwicklung der gemeinsamen Bezüge während des Weltkrieges zu schildern, soll hier nicht versucht werden. Sie ist zu vielgestaltig, um hier erschöpfend behandelt zu werden, und zu sehr im Fluß, als daß eine auch nur andeutende Darstellung zur Zeit möglich wäre [1]. Wohl

[1] Persönliche Gründe — der Dienst in der Front — machten zudem dem Verfasser die Ausführung des ursprünglich gehegten Planes unmöglich.

aber kann gesagt werden, daß die durch den Krieg verursachte Neugestaltung in der kommenden Friedenszeit vielfältig und tief nachwirken wird. Der Krieg hat den Begriff der „Organisation" in den Mittelpunkt volkswirtschaftlichen Denkens und Handelns gerückt. Wie notwendig eine Zusammenfassung der zersplitterten Kräfte, ihr Arbeiten nach einem einheitlichen Plan ist, das hat den Krieg mit ehernen Schlägen in das Bewußtsein der Allgemeinheit gehämmert. Er dürfte aber auch gelehrt haben, daß die Herbeiführung einer solchen Organisation durch staatliche oder kommunale Betriebe mit vielfältigen Hemmungen verbunden ist. Zum mindesten können sie einen wohlgefügten örtlichen Unterbau, die tätige Mitwirkung der Interessenten selbst nicht entbehren. Die Erstarkung genossenschaftlicher Selbsthilfe erscheint demnach als dringliche Forderung und als wohl sicheres Ergebnis der kriegswirtschaftlichen Erfahrungen. Das gilt besonders für die Entwicklung und Zentralisation der gemeinsamen Bezüge landwirtschaftlicher Bedarfsartikel. Die im großen Umfang erfolgte Übertragung der Futtermittelverteilung auf die Bezugsorganisationen hat viele bisher abseits stehende Landwirte für den gemeinschaftlichen Bezug neu gewonnen. Sie hat an zahlreichen Orten zur Aufnahme der Bezugsgeschäfte nicht nur für Futtermittel, sondern auch für andere landwirtschaftliche Bedarfsartikel angeregt. Diese Anregungen dürften um so tiefer nachwirken, als für die Folge mit einer stark vermehrten Anwendung landwirtschaftlicher Bedarfsartikel zu rechnen ist. Sie ist die notwendige Voraussetzung, wenn die so dringend gebotene Steigerung der inländischen landwirtschaftlichen Erzeugung erreicht werden soll. Nicht minder wird das Streben, die deutsche Landwirtschaft von ausländischen Bedarfsartikeln unabhängiger zu machen, neue im Inland erzeugte Bedarfsartikel rasch zu verbreiten, auf die gesteigerte Heranziehung der Bezugsorganisationen hinwirken.

Größer, aber auch schwieriger erscheinen die Zukunftsaufgaben beim Absatz landwirtschaftlicher Erzeugnisse. Im Vergleich zu den gewonnenen Milliardenwerten war vor dem Weltkrieg der gemeinsame Absatz bescheiden. Die Kriegswirtschaft hat ihn in vielen Bezirken zu einer unerwarteten Entwicklung gebracht. Diese zu erhalten und nach Möglichkeit zu mehren, wird das begreifliche Streben genossenschaftlicher Kreise sein. Naheliegend ist dabei der Gedanke an eine unmittelbare Geschäftsverbindung zwischen den genossenschaftlich geeinten Landwirten einerseits und den genossenschaftlich organisierten Verbrauchern, bzw. gemeinnützigen Gesellschaften, Stadtverwaltungen und ähnlichen Körperschaften andererseits. An erfolgreichen Anfängen hat es schon vor dem Krieg nicht gefehlt. Man darf erwarten, daß sie nach dem Kriege ein gesteigertes Interesse und eine umfassendere Verwirklichung finden werden.

Über ländliche Lebensmittel-Konsumvereine.

Von

N. Feldmann, Bonn.

Der Konsumverein als Zusammenschluß der Verbraucher zum gemeinsamen Ankauf von Lebensmitteln und Bedarfsartikeln findet die Vorbedingungen für seine Arbeit besonders da, wo es möglich ist, eine Menge Verbraucher mit gleichgeartetem Interesse auf verhältnismäßig engem Raume zusammenzuschließen. Sein Nährboden ist deshalb vor allem die Stadt. Als Stadt in diesem Sinne dürfen wir aber nicht schlechthin das Gemeinwesen mit städtischen Rechten ansehen. Jede Siedelung, die überwiegend Verbraucher von Lebensmitteln enthält, ist dazu zu rechnen. Hierher gehören z. B. die dicht bevölkerten Arbeiterdörfer. Dagegen ist manche Kleinstadt in rein ländlichen Gebieten, in deren Mauern der Ackerbürger sich noch häufig vorfindet, auszuschließen. Wesentlich ist das Überwiegen der „Nurverbraucher" an Lebensmitteln.

Im Gegensatz zur Stadt fehlen auf dem Lande diese günstigen Vorbedingungen für die Arbeit der Konsumvereine. Vor allen Dingen fehlt die dicht geschlossene Menge der Konsumenten, die einen hohen Umsatz im engen Bezirk ermöglicht. Die ungünstigen Verkehrsgelegenheiten erschweren die Heranschaffung der Ware. Einen nicht unerheblichen Teil der Nahrungsmittel, Mehl, Brot, Fleischwaren usw. erzeugen die Landwirte selbst; sie sind deshalb von Hause aus nicht gleichstarke Käufer wie die Arbeiter. Schließlich ist der Landwirt noch mehr als der Arbeiter an das Borgen gewöhnt. Es hält schwer, ihn davon abzubringen, weil er im Vergleich mit dem Arbeiter und den sonstigen städtischen Konsumenten nur über unregelmäßigere und in ihrer Höhe mehr schwankende Einnahmen verfügt. Die in maßgebenden Kreisen auf dem Lande herrschenden wirtschaftspolitischen Anschauungen, die in der Erhaltung des selbständigen Kleinhandels einen Teil ihres Programms sehen, stemmen sich dem Zusammenschluß der Verbraucher entgegen. Schließlich sprechen auch die in der kleineren Gemeinschaft des Dorfes bestehenden persönlichen und verwandtschaftlichen Beziehungen zwischen den Einwohnern, in die auch der Dorfkaufmann verflochten ist, ein gewichtiges Wort mit.

Bei der anerkannt mangelhafteren Versorgung des platten Landes mit Lebensmitteln durch den ländlichen Kleinhandel ist an sich das Bedürfnis nach Konsumvereinen auf dem Lande nicht weniger stark als in der Stadt. Große landwirtschaftliche Interessenvertretungen haben das schon früh anerkannt. So forderte die Generalversammlung des Landwirtschaftlichen Vereins für Rheinpreußen bereits im Jahre 1864 die Lokalabteilungen des Vereins auf, unter anderem auf die Gründung von „Konsumvereinen zur gemeinschaftlichen Beschaffung von Spezereiwaren, von Brenn- und Leuchtmaterial usw." hinzuarbeiten. Zu einer systematischen Bearbeitung der Lebensmittelversorgung auf dem Lande ist es aber weder in dem Landwirtschaftlichen Verein, noch in den ländlichen Genossenschaftsverbänden gekommen. Trotzdem entstanden, wenn auch ohne Zusammenhang, in den nächsten Jahrzehnten Konsumvereine auch auf dem Lande, vorwiegend in den dichter bevölkerten Gegenden mit vorherrschendem Kleingrundbesitz. Nach dem von der Preußischen Zentral-Genossenschaftskasse Berlin herausgegebenen Adreßbuch der Erwerbs- und Wirtschaftsgenossenschaften vom Jahre 1915 bestehen in der Rheinprovinz 94 Lebensmittel-Konsumvereine, die unter den gekennzeichneten Begriff der „ländlichen" Vereine fallen. Die Arbeiter-Konsumvereine der Industriedörfer sind hierin nicht einbegriffen. In den letzten Jahren haben daneben die sogenannten Bezirkskonsumvereine die Versorgung des Landes mit Lebensmitteln in die Hand genommen, indem sie von ihren Zentralen aus planmäßig ein Netz von Filialen über das Land ausspannen. In den örtlich selbständigen Vereinen überwiegt die Landwirtschaft treibende Bevölkerung, aber auch an den Bezirkskonsumvereinen sind Landwirte nicht unerheblich beteiligt. Dem Reichsverband deutscher Konsumvereine zu Köln-Mülheim, dessen Schwergewicht im Westen des Reiches liegt, gehörten in seinen Vereinen nach der Statistik von 1913 unter 143 444 Mitgliedern 3423 selbständige und 9550 unselbständige Landwirte an. Der dem Hamburger Zentralverband deutscher Konsumvereine angehörige Provinzialverband für Rheinland und Westfalen zählte Ende 1913 unter 192 474 Mitgliedern 2102 Landwirte. Beide Verbände begünstigen grundsätzlich den Bezirkskonsumverein, dessen Zahlen auch ihre Statistik beherrschen. Trotz der nicht unwesentlichen Zahl von Landwirtschaft treibenden Mitgliedern scheidet der Bezirkskonsumverein als nicht spezifisch „ländlich" aus unserer Betrachtung aus.

Die den Konsumvereinen im allgemeinen gestellten Aufgaben sind vor allen Dingen die Beschaffung guter Ware zu mäßigem Preise und die Erziehung zur wirtschaftlichen Unabhängigkeit durch den Zwang zur Barzahlung. Dazu tritt die allgemeine Wirkung genossenschaftlicher Arbeit, die in der Weckung und Ausbreitung des Grundsatzes der Selbsthilfe, Selbstverwaltung und Selbstverantwortung ihren Ausdruck findet.

Sind die örtlich begrenzten ländlichen Lebensmittel-Konsumvereine imstande, diese Aufgaben zu erfüllen? Bildet ihre Arbeit einen Fortschritt in der Güterverteilung gegenüber den Methoden des ländlichen Kleinhandels? Und wenn ja, bilden sie nur eine mehr oder weniger unvollkommene Zwischenstufe, die dem technisch entwickelteren Bezirkskonsumverein, als der vollkommeneren Form der Güterverteilung das Feld räumen muß?

Das Material zur Beantwortung dieser Fragen ist bei dem Fehlen einer planmäßigen Bearbeitung der ländlichen Lebensmittel-Konsumvereine dürftig. Die Buchführung der kleinen Vereine ist vielfach nicht auf statistische Angaben zugeschnitten. Die Vereine sind zerstreut in einer Reihe von Verbänden städtischen und ländlichen Charakters, in deren Statistiken ihre Zahlen verschwinden. Eine nicht unerhebliche Anzahl ist einem Verbande überhaupt nicht angeschlossen. Eine Untersuchung muß daher, nach Art der Stichproben, einzelne Vereine herausgreifen, die als typisch für einen gewissen Bezirk angesehen werden dürfen. Drei ländliche Lebensmittel-Konsumvereine aus verschiedenen Gebieten der Rheinprovinz seien hier herangezogen.

1. Konsumverein zu M.

In dem Winzerdorf M. an der Ahr war 1868 ein Winzerverein ins Leben getreten. Der Mangel einer geeigneten Versorgung durch den Kleinkaufmann am Orte veranlaßte 1869 den Verein, gelegentlich Kaffee und Bohnen einzukaufen. Die eingekaufte Ware wurde in einem gemieteten Schuppen an die Mitglieder ohne Aufschlag verteilt. Diesen Bedarfsartikeln folgten andere, so Kohlen, Dünger usw. Schließlich nahm der Verein den regelmäßigen Bezug auf. Der Gedanke an einen Wettbewerb mit dem örtlichen Händler lag ihm aber fern. Ein ausdrücklicher Beschluß der Generalversammlung des Winzervereins spricht aus, daß „dem Händler keine Konkurrenz gemacht" werden soll. Ein Warenverteiler wurde im Tagelohn beschäftigt, der anfangs einen

Tag, später bis zu $2^1/_2$ Tagen in der Woche die Ware in dem gemieteten Schuppen verteilte. Die guten Erfahrungen mit dem gemeinsamen Einkauf ließen die Wünsche nach weiterer Ausdehnung immer mehr hervortreten; der Vorstand blieb aber zurückhaltend. Trotzdem entwickelte sich das Bezugsgeschäft weiter. Als 1876 der Winzerverein einen eigenen Keller erwarb, wurde auf dem Grundstück ein Lager mit Verkaufsraum errichtet. Nun wurde auch der Bezug von wollenem Tuch und Ellenware aufgenommen, und allmählich entwickelte sich im Winzerverein eine richtige Konsumabteilung. Der Winzerverein diente daneben den Mitgliedern noch als Sparkasse. Er hatte, um die erforderlichen Mittel für die Unterhaltung des Weinlagers und die sonstigen Betriebserfordernisse zu beschaffen, die Mitglieder veranlaßt, einen Teil ihrer Forderungen aus den Traubenlieferungen verzinslich beim Verein stehen zu lassen. Diese Vereinigung von Produktiv-, Spar- und Konsumgenossenschaft zeigte sich aber als nachteilig. Die Mitglieder gewöhnten sich daran, die entnommenen Waren nicht zu bezahlen, sondern ließen sie auf ihrem Konto anschreiben und verbrauchten so von ihren beim Winzerverein angelegten Ersparnissen mehr als sie selbst merkten. Dem Verein selbst, dessen Buchführung nur einfachen Ansprüchen genügte, fiel es immer schwerer, die Übersicht aufrechtzuerhalten. Nach langen Beratungen entschloß man sich im Jahre 1900, die Konsumabteilung aus dem Winzerverein herauszunehmen und zu einer selbständigen Genossenschaft auszugestalten. Der Konsumverein wurde gegründet. Der Winzerverein überwies ihm das aus den Bezügen angesammelte Vermögen von 1940,55 Mk. Daraus wurden zunächst für jedes Mitglied 5 Mk. als Einzahlung auf den Geschäftsanteil und der Rest für die Reserven verwendet. Der Winzerverein überließ ferner Lager- und Verkaufsraum gegen eine geringe Miete dem Konsumverein.

Ziemlich alle Mitglieder des Winzervereins traten auch dem Konsumverein bei, der rund 180 Genossen zählte und damit den größeren Teil der Familienvorstände in dem Orte von 1100 Seelen umfaßte. Eingekauft werden Lebensmittel, Haushaltungsartikel, Manufakturwaren, daneben auch Dünger und für den Bedarf der Winzer Schwefel und Vitriol. Eingekauft wird bei größeren Händlern in der Kreisstadt. Der Dünger wird vielfach vom Handel direkt auf eigene Rechnung an die Mitglieder geliefert, so daß er nur zum Teil im Umsatz des Vereins erscheint. Über die Bestimmung der Verkaufspreise ist wenig festzustellen. Im Anfang waren die Verkaufspreise höher, dementsprechend auch die Rückvergütung reichlich bemessen. Später wurden beide geringer.

Folgende Zahlen geben einen Überblick über die Entwicklung des Vereins:

	Mitglieder	Umsatz: Dünger usw. Mk.	Umsatz: Kolonialwaren usw. Mk.
1900/01	177	8 318	23 725
1905/06	182	10 254	23 943
1910	179	8 628	23 920
1913	182	3 779	22 100
1914	181	2 852	19 868

	Warenbestand Mk.	Warenbestand % des Umsatzes	Ausstände Mk.	Ausstände % des Umsatzes
1900/01	8325	25,9	3 437	10,7
1905/06	7846	22,9	11 567	33,8
1910	5665	17,4	8 075	24,8
1913	6350	24,5	7 021	27,1
1914	5764	25,3	5 865	25,8

	Gewinn Mk.	Verteilte Rückvergütung %	Geschäftsguthaben der Genossen Mk.	Reserven Mk.
1900/01	3136	13	930	1082
1905/06	4159	17	1171	1311
1910	1840	8	1415	1795
1913	1105	5	1610	2131
1914	1391	7	1663	2307

Eigenes Kapital pro Mitglied Mk.	Eigenes Kapital % des Umsatzes
11,37	6,2
13,63	7,2
17,93	9,8
20,55	14,4
21,93	13,0

Im Warenbestand sind viele Haushaltungs- und kleinere landwirtschaftliche Bedarfsartikel, ferner auch Manufakturwaren enthalten. Die Ausstände spiegeln die schlechte Finanzlage der kleinen Winzer wider. Die Verwaltungskosten sind aus den Büchern nicht festzustellen. Nach den Angaben des Vorstandes betragen sie ziemlich gleichmäßig jährlich etwa

	1000 Mk.	für Löhne,
	100 „	„ Miete,
	100 „	„ Sonstiges,
Zusammen:	1200 Mk.	

2. Landwirtschaftlicher Konsumverein zu W.

Der Ort W. bei Gießen (Bahnstation) zählt 1600 Einwohner. Der Verein wurde 1890 von Landwirten und Arbeitern unweit gelegener Eisenwerke gegründet, in der ausgesprochenen Absicht, ein Gegengewicht gegen den Kleinhandel zu schaffen. Eingekauft werden Lebensmittel und Manufakturwaren sowie landwirtschaftliche Bedarfsartikel. Daneben setzt der Verein auch landwirtschaftliche Erzeugnisse, vor allem Hafer und Roggen ohne besondere Vergütung für seine Mitglieder ab. Der Wert der abgesetzten landwirtschaftlichen Erzeugnisse schwankt zwischen 1300 und 4008 Mk. in den einzelnen Jahren. Er ist im statistisch nachgewiesenen Umsatz nicht enthalten.

Hauptsächlicher Lieferant der Genossenschaft ist eine bestimmte Großhandlung. Beim Verkauf werden 10—15 % dem Einkaufspreis zugeschlagen, doch paßt sich der Verein in den Verkaufspreisen in etwa dem Handel an. Der Direktor, der die Bücher führt, erhält 1 %, der Kontrolleur $^1/_2$ %, der Kassierer $^1/_2$ %, der Lagerhalter 4 % vom Umsatz. Der Lagerhalter bezieht außerdem eine Vergütung von 200 Mk. für Manko.

Die Mitgliederzahl und der Umsatz sind bis Ende 1909 dauernd gestiegen. In diesem Jahre eröffnete der Gießener Bezirkskonsumverein eine Filiale in W. Infolgedessen traten zunächst die in den Gewerkschaften vereinigten, später auch noch andere Arbeiter, zum Bezirkskonsumverein über. Die Landwirte blieben aber im alten Verein. Das Ausscheiden der Arbeiter hat auf den Umsatz ungünstig eingewirkt.

Die folgenden Zahlen geben einen Überblick über die Entwicklung des Vereins:

	Mitglieder	Umsatz: Landw. Bedarfsartikel Mk.	Umsatz: Lebensmittel usw. Mk.
1901	114	4528	19 434
1905	130	6783	29 450
1909	146	7345	40 850
1913	103	7046	23 560
1914	100	5270	24 318
1915	95	2143	20 282

	Warenbestand Mk.	Warenbestand % des Umsatzes	Ausstände Mk.	Ausstände % des Umsatzes
1901	3470	14,5	5 796	24,2
1905	4417	12,2	10 465	28,9
1909	4689	9,7	12 053	25,—
1913	5966	19,5	10 555	34,5
1914	6355	21,5	9 488	32,1
1915	6007	26,7	4 201	18,7

	Verwaltungskosten Mk.	Verwaltungskosten % des Umsatzes	Gewinn Mk.	Verteilt %	Geschäftsguthaben d. Genoss. Mk.
1901	2120	8,8	1393	6	1701
1905	3312	9,1	3294	8	1807
1909	3805	7,9	3297	7	2116
1913	3160	10,3	1629	5	1760
1914	2902	9,8	1706	6	1620
1915	2641	11,8	1726	6	1515

	Reserven Mk.	Eigenes Kapital: pro Mitglied Mk.	Eigenes Kapital: % des Umsatzes
1901	3022	41,43	19,7
1905	4234	46,47	16,7
1909	5566	52,61	15,9
1913	6793	83,03	27,9
1914	6937	85,57	28,9
1915	7091	90,59	38,4

3. Konsumverein zu E.

Der Ort E. liegt im Westerwald, 5 km entfernt von der nächsten Bahnstation. Er zählt in etwa 75 Familien rund 400 Seelen. Die Ortseingesessenen sind kleine Landwirte, die zum Teil in Eisensteingruben arbeiten. Der Konsumverein trat 1901 ins Leben mit dem ausgesprochenen Ziel, gegen die Alleinherrschaft des örtlichen Händlers anzukämpfen. Der Einkauf erstreckt sich auf Lebensmittel und Manufakturwaren. Gekauft wird von größeren Händlern; beim Verkauf werden bis zu 20 % auf den Einkaufspreis zugeschlagen, doch paßt sich der Verein den Händlerpreisen etwas an. Die Rückvergütung wird nicht in bar, sondern in Waren gezahlt. Warenaufbewahrung und Verteilung erfolgte zunächst in gemieteten Räumen, später wurde ein eigenes Anwesen zu etwa 5500 Mk. dazu angekauft.

Die Mitgliederzahl, die bei der Gründung 38 betrug, ist allmählich gesunken. Zum Teil schieden Mitglieder aus infolge Wegzug; ein Teil kehrte der Genossenschaft aber auch den Rücken, als der örtliche Händler seine Verkaufspreise nach denen der Genossenschaft richtete und ebenfalls die Rabattgewährung (3 %) einführte. In letzter Zeit ist indessen wieder ein Zugang an Mitgliedern eingetreten. Die folgenden Darlegungen geben ein Bild über die Entwicklung des Vereins:

	Mitglieder	Umsatz Mk.	Warenbestand Mk.	Warenbestand % des Umsatzes
1902	38	16 366	3688	22,5
1905	33	24 774	2560	10,3
1910	30	21 928	4595	20,9
1913	27	18 981	3864	20,3
1914	23	16 264	3759	23,1
1915	25	18 958	4632	24,4

	Ausstände Mk.	Ausstände % des Umsatzes	Verwaltungskosten Mk.	Verwaltungskosten % des Umsatzes
1902	—	—	1364	8,3
1905	1740	7,0	1545	6,2
1910	2811	12,8	1998	9,1
1913	1316	6,9	1584	8,3
1914	1824	11,2	1286	7,9
1915	1108	5,8	1373	7,2

	Gewinn Mk.	Verteilte Rückvergütung %	Geschäftsguthaben der Genossen Mk.	Reserven Mk.
1902	867	6	1050	1036
1905	1088	4	875	624[1]
1910	738	3	750	2294
1913	890	4	675	2955
1914	1127	6	625	3059
1915	1352	7	550	3238

	Eigenes Kapital	
	pro Mitglied Mk	% des Umsatzes
1902	54,89	10,4
1905	45,42	5,5
1910	101,46	11,5
1913	134,44	15,9
1914	160,17	18,3
1915	151,52	16,0

Die vorhin dargelegten Zahlen der genannten drei Konsumvereine müssen — schon in ihrer Eigenschaft als Stichproben — mit einiger Vorsicht verwertet werden. Sie bieten aber trotzdem ausreichend verwertbares Material für weitere Schlußfolgerungen, da die ausgesuchten drei Vereine immerhin als typisch für eine Anzahl gleicher Vereine angesehen werden dürfen.

Die Tatsache, daß die Vereine gegen die starken Hemmungen auf dem Lande entstehen und sich entwickeln konnten, ist an sich ein Beweis für ihre Leistungsfähigkeit gegenüber dem örtlichen Kleinhandel. Wir sehen, wie in M. die Ortseingesessenen sich beinahe widerwillig vom gelegentlichen Einkauf, durch den „dem Händler kein Wettbewerb gemacht" werden sollte, zum ausgebauten Konsumverein hindrängen lassen. In W. und E. waren die Gründer über das, was sie wollten, nämlich ein Gegengewicht gegen die Alleinherrschaft des Ortshandels schaffen, klarer. Die Wirkung zeigt sich in einer Regelung der Preishöhe. Namentlich aus E. wird berichtet, daß der einzige örtliche Händler früher die Preise nach Belieben festsetzte, jetzt aber sich

[1] Hier waren Reserven zur Rückvergütung angegriffen worden.

den vom Konsumverein genommenen Preisen angenähert habe und 3 % Rabatt zurückvergüte.

Der Einfluß der Konsumvereine auf die Beschaffenheit der Ware läßt sich nicht so leicht nachprüfen wie hinsichtlich der Preise. Meist kaufen die ländlichen Konsumvereine von dem gleichen Großhändler, der auch den Kleinhändler auf dem Lande bedient. Sie sind gezwungen, eine Menge verschiedener Waren auf Lager zu halten, um den Ansprüchen ihrer Mitglieder zu genügen, nicht nur Lebensmittel, sondern auch Manufakturwaren, Haushaltungsgegenstände usw. nach Art der Gemischtwarengeschäfte. Diese Waren werden nicht so schnell umgeschlagen wie Lebensmittel, beschweren deshalb, ohnehin oft genug über den wirklichen Bedarf hinaus eingekauft, das Lager und bilden zusammen die Gruppe der „Ladenhüter", die, selbst wenn sie nicht unmittelbar zu Verlusten für die Genossenschaft führen, doch ihre Leistungsfähigkeit beeinträchtigen. Der ländliche Konsumverein leidet hier unter den gleichen Übelständen wie der Kleinhändler. Solange er seine Ware aus der gleichen Quelle schöpft wie der Händler und solange er nicht die Ladenhüter zu beseitigen vermag, wird er die Beschaffenheit der Ware gegenüber dem Kleinhandel nicht grundlegend verbessern können.

Hat der ländliche Konsumverein auch seine Mitglieder von der durch ihre Borgwirtschaft verursachten Abhängigkeit vom Händler befreit, so ist er doch, wie aus den gegebenen Zahlen ersichtlich, nicht imstande gewesen, die Borgwirtschaft selbst auszurotten. Die Gewohnheit zu borgen liegt beim kleinen Landwirt nicht nur in seiner Neigung, sondern auch in der ganzen Art seiner Wirtschaftsführung begründet. Die Einnahmen fließen ihm sowohl der Zeit wie dem Umfange nach nicht so regelmäßig zu wie dem Angestellten und Arbeiter, selbst nicht wie dem gewerblichen Unternehmer. Er bezahlt deshalb gerne nicht nur Dünge- und Futtermittel, sondern auch menschliche Nahrungsmittel mit den späteren wirklichen oder auch nur erhofften Erträgen seiner Wirtschaft. Die Grenze zwischen Produktiv- und Konsumtivkredit weiß er nicht recht zu ziehen. Daß er für Dünger und Viehfutter Kredit in Anspruch nehmen darf, weil er ihn zur Bildung neuer Einnahmequellen, also produktiv, verwertet, für Nahrungsmittel, die er gebraucht, ohne daß ihm daraus neue Einnahmen entstehen, aber nicht, ist wohl dem geschulten Landwirt, nicht aber der großen Menge ohne weiteres klar. Der in den Gewohnheiten der ländlichen

Bevölkerung und dem Entgegenkommen der Kleinkrämer wurzelnden Borgwirtschaft haben auch die ländlichen Konsumvereine mehr als gut Konzessionen gemacht.

Ohne jeden Zweifel haben die ländlichen Lebensmittel-Konsumvereine die Preisgestaltung zugunsten der Verbraucher beeinflußt. Bezüglich der Beschaffenheit der Ware ist das gleiche nicht nachweisbar. Allenfalls dürfte die Vermutung dafür sprechen, daß schon das Bestehen des Wettbewerbs nicht nur die Preise, sondern auch die Güte der Ware zugunsten des Verbrauchers beeinflußt. Dagegen haben die ländlichen Konsumvereine eine Verbesserung der Zahlungsgepflogenheiten ersichtlich nicht in besonderem Umfange herbeigeführt, auf diesem Gebiete ihre Aufgaben also bisher nicht erfüllt.

Wie auf der einen Seite der dörfliche Kleinkrämer als Vertreter der älteren Methode der Güterverteilung, so steht auf der anderen Seite der Bezirkskonsumverein als Kind der neuesten Zeit und Repräsentant modernster Verteilungsmethoden dem ländlichen Konsumverein gegenüber. Der Bezirkskonsumverein ist durchweg ein Großbetrieb unter fachmännischer Leitung, technisch vollkommen eingerichtet, mit Zentrallager versehen, vielfach mit Eigenproduktion. Die besten Einkaufsquellen sind ihm zugängig.

Im allgemeinen ist der Großbetrieb dem Kleinbetrieb überlegen. Es soll versucht werden, festzustellen, ob und wieweit das für den Bezirkskonsumverein als Großbetrieb gegenüber dem ländlichen Konsumverein als Kleinbetrieb zutrifft. Zunächst hinsichtlich der Preise. Ermittelt sind die in der Zeit vom Mai bis Juli 1913 in den Konsumvereinen zu W. und E. sowie in der ländlichen Filiale eines rheinischen Großkonsumvereins für eine bestimmte Anzahl von Artikeln berechneten Verkaufspreise.

	Konsumverein W.	Konsumverein E.	Filiale des Bezirkskonsumvereins
	das Pfund	das Pfund	das Pfund
1. Kornkaffee (Seelig) . . .	35 Pf.	40 Pf.	35 Pf.
2. gemischte Raffinade . . .	26 „	— „	23 „
3. Stampfzucker	— „	25 „	23 „
4. Patna Tafelreis	26 „	— „	22 „
5. Perlgraupen	24 „	— „	32 „
6. Bandnudeln	30 „	— „	32 „
7. Sternnudeln Ia	40 „	— „	42 „

	Konsumverein W. das Pfund	Konsumverein E. das Pfund	Filiale des Bezirkskonsumvereins das Pfund
8. Haferflocken	30 Pf.	— Pf.	40 Pf.
9. Rosinen	60 „	— „	75 „
10. Korinthen	52 „	— „	40 „
11. Blütenmehl	18 „	— „	20 „
12. Diamantmehl	— „	19 „	20 „
13. Linsen, ungeschält . . .	24 „	25 „	25 „
14. Bohnen „ . . .	24 „	25 „	26 „
15. Erbsen „ . . .	24 „	22 „	24 „

Für das Jahr 1913 bzw. 1913/14 haben an Rückvergütung verteilt:

a) der Konsumverein W. . . . . 5 %
b) „ „ E. . . . . 4 %
c) „ Bezirkskonsumverein . . . . . 8 %.

Bei einzelnen Gegenständen, bei denen die Preise erheblich abweichen, so bei Haferflocken, Rosinen, müssen Sortenunterschiede maßgebend sein. Im allgemeinen aber sind wesentliche Unterschiede im Verkaufspreis nicht festzustellen. Allem Anschein nach ist überall der landes- bzw. ortsübliche Tagespreis berechnet worden. Unter Einbeziehung der Rückvergütung ist dieser Bezirkskonsumverein etwas billiger als der kleine örtliche Verein. Eine Nachforschung nach den Ursachen der billigeren Preise führt zunächst zur günstigeren Einkaufsgelegenheit und der sachgemäßeren Verwaltung. Auch die bessere Kontrolle der Warenverteilung mag mitsprechen. Ist in einzelnen örtlichen Vereinen die Buchführung gut, so muß sie in den anderen, namentlich an Verbände nicht angeschlossenen Vereinen, als direkt mangelhaft bezeichnet werden. Bei den meisten örtlichen Vereinen aber ist die Warenkontrolle nicht so planmäßig durchgeführt wie beim Bezirkskonsumverein. Alles ist hier mehr auf das Vertrauen zum Vorstand bzw. Verkäufer gestellt. So wird in E. das schlechte Ergebnis einiger Geschäftsjahre mit der Tätigkeit einer fremden inzwischen entlassenen Verkäuferin begründet. Der Nachweis dafür ist bei dem Mangel geeigneter Anschreibungen und Kontrolleinrichtungen nur dadurch zu erbringen, daß vorher und nachher das Ergebnis günstiger war. Vor allen Dingen fehlt die systematisch durchgeführte Lagerhalterbelastung. Fehlbestände und Verluste durch schlechte Behandlung der Ware sind dann unausbleiblich.

Weniger als diese Zustände beeinflussen die Verwaltungskosten die Preisgestaltung. In den Jahren 1914 bzw. 1914/15 beliefen sich die Verwaltungskosten:

a)	Konsumverein	zu M.	5—6 %	auf den Umsatz
b)	„	zu W.	9,8 %	„ „ „
c)	„	zu E.	7,9 %	„ „ „
d)	ländl. Filiale	d. Bezirkskonsumv.	6,3—6,9 %	„ „ „

Bei dem Bezirkskonsumverein treten dazu noch die Kosten der Zentralverwaltung. Die geringsten Verwaltungskosten hat der im übrigen nicht allzu gut gediehene Konsumverein zu M. Neben der billigen Miete mag hier bei dem Mangel ausreichender Anschreibungen ungenaue Schätzung das Bild allzu günstig zeichnen. In W. ist zu berücksichtigen, daß der Verein den im Umsatz nicht weiter nachgewiesenen Verkauf landwirtschaftlicher Erzeugnisse für die Mitglieder vermittelt und dafür Verwaltungskosten aufwenden muß. Die Verwaltungskosten sind unter Berücksichtigung aller dieser Umstände ziemlich gleich, eher bei dem ländlichen Verein geringer. Was der Großbetrieb durch Konzentration an Kosten erspart, muß er durch die Einrichtung einer Zentralverwaltung, die planmäßige Kontrolle, auch die bessere Ausgestaltung der Verkaufsstellen auf der anderen Seite wieder mehr aufwenden. Auf dem Lande sind die Vorstandsmitglieder vielfach im Nebenamt gegen geringe Vergütung tätig. Soweit Verkäufer oder Verkäuferinnen im Hauptamt tätig sind, werden allerdings auch Ersparnisse an Löhnen auf Kosten sozialer Gesichtspunkte erzielt. Die Illustration dazu findet sich in einem Protokoll, nach dem eine tüchtige Verkäuferin entlassen wird, weil sie eine höhere Vergütung forderte, trotzdem sie „das Geschäft zur völligen Zufriedenheit geführt" habe. Mit der Nachfolgerin hat man allerdings die wohlverdienten schlechten Erfahrungen gemacht.

Bezüglich der Beschaffenheit der Ware ist ein Vergleich im einzelnen schlecht durchzuführen. An sich bestätigt schon ein Einblick in die Verkaufsräume den Eindruck der Überlegenheit des großen Konsumvereins über den kleinen Verein. Die bessere Einkaufsgelegenheit, die Beschränkung auf eigentliche Lebensmittel und der schnellere Umschlag sind Faktoren, die an sich eine bessere Warenbeschaffenheit verbürgen. In der Filiale des Großkonsumvereins findet allerdings der Landbewohner keine Gelegenheit, seine Bedürfnisse an Haushaltungsgeräten, Manufakturwaren usw. wie beim kleinen Konsumverein zu befriedigen. Er bleibt dafür dann auf den Krämer angewiesen. Die Lagerbestände Ende 1913 bzw. 1914 betrugen:

in M.	24,5 %	des Umsatzes
in W.	19,5 %	„ „
in E.	20,3 %	„ „

Demgegenüber zeigt die Statistik des Reichsverbandes deutscher Konsumvereine in den Verbandsvereinen einen Umschlag, der sich auf das Zwölffache des Lagerbestandes belief. Im Verband rheinisch-westfälischer Konsum- und Produktivgenossenschaften (Hamburger Zentralverband) wurde der Warenbestand fünfzehnmal umgesetzt. Hier ist deutlich der Einfluß der nicht zu den Lebensmitteln gehörenden Warengruppen zuungunsten der ländlichen Vereine zu erkennen.

Bei der Berechnung des Umsatzes auf das einzelne Mitglied schneidet der ländliche Konsumverein günstiger ab. Im Jahre 1913 bzw. 1913/14 wurden auf das Mitglied umgesetzt:

a) Konsumverein M.	125,56	Mk.
b) „ W.	295,88	„
c) „ E.	650,56	„
d) Filiale des Bezirkskonsumvereins	248,37	„

Der Durchschnitt im Reichsverband deutscher Konsumvereine belief sich auf 302,92 Mk., im Verband rheinisch-westfälischer Konsum- und Produktivgenossenschaften auf 307,98 Mk. Im allgemeinen ist der Bedarf der ländlichen Bevölkerung an Lebensmitteln nicht so stark wie in der Stadt. Mehl, Brot, Fleischwaren werden im eigenen Haushalt hergestellt. Eine Förderung erfährt der Umsatz dagegen durch Dünge- und Futtermittel, Manufakturwaren, Haushaltungsgeräte, die z. B. bei der Filiale des Bezirkskonsumvereins fehlen. Auffallend gering ist der Umsatz pro Mitglied in M. Hier sprechen örtliche Verhältnisse, Rücksicht auf den Händler, wahrscheinlich aber auch die Einrichtungen des Vereins selbst mit. Außerordentlich hoch erscheint der Durchschnittsumsatz beim Konsumverein in E., dessen Mitglieder allerdings, wie versichert wird, alles, was sie brauchen und beim Konsumverein erhalten können, auch dort kaufen. Im ganzen schneiden unter Berücksichtigung aller Umstände beim Durchschnittsumsatz die selbständigen ländlichen Vereine besser ab als der Bezirkskonsumverein. Überhaupt kann festgestellt werden, daß in den kleineren Vereinen mit örtlich selbständiger Verwaltung der Zusammenhalt unter den Mitgliedern, die Fühlung mit dem Vorstande usw. besser sind als bei den großen Konsumvereinen, deren Verwaltung das einzelne Mitglied gar nicht kennt. Das beeinflußt sicher die Einkäufe des einzelnen Mitgliedes wie auch seine Teilnahme an den allgemeinen Angelegenheiten der Genossenschaft.

Bei Betrachtung der Zahlungsgepflogenheiten, die sich in der Höhe der Ausstände widerspiegeln, sinkt die Wagschale tief zugunsten der großen Konsumvereine. Die weiter oben für die drei Vereine gegebenen Zahlen zeigen an Ausständen:

a)	in M.	10,7	bis	33,8 %	des Umsatzes
b)	„ W.	18,7	„	34,5 %	„ „
c)	„ E.	5,8	„	12,8 %	„ „

Demgegenüber betragen für das Jahr 1913/14 die Forderungen an Mitglieder beim Reichsverband deutscher Konsumvereine, dem auch kleinere ländliche Vereine angehören, 1,2 %, beim Verband rhein.-westf. Konsum- und Produktivgenossenschaften nur 0,12 % des Umsatzes. Das für die ländlichen Vereine sehr ungünstige Zahlenverhältnis ist erklärlich. Der Bezirkskonsumverein ist schon deshalb gezwungen, auf Barzahlung zu halten, weil die große Masse seiner Mitglieder nicht kreditfähig ist und das Borgen für den Verein gefährlich macht. Der Landwirt bietet mit seinem Besitz, aber auch schon durch seine Seßhaftigkeit überhaupt eine bessere Gewähr für den in Anspruch genommenen Kredit, dessen Sicherheit im kleinen Verein zudem jederzeit nachgeprüft werden kann. Bei den hier betrachteten Vereinen sind denn auch Verluste an Forderungen in Jahrzehnten kaum vorgekommen. Im übrigen wird das ungünstige Verhältnis etwas gemildert durch den Umstand, daß ein Teil der Ausstände, wie dargelegt, nicht Konsumtiv-, sondern Produktivkredit darstellt. Immerhin bedeutet diese Borgwirtschaft einen großen Mangel in der ganzen Geschäftsgebarung, der durch die ländlichen Verhältnisse, nicht zuletzt auch durch die süße Gewohnheit des Borgens, zu erklären, aber nicht ausreichend zu begründen ist.

Die Kapitalbildung vollzieht sich, soweit sie ihre Nahrung aus dem Geschäftsguthaben zieht, bei den Konsumvereinen ziemlich gleich. Die Geschäftsanteile schwanken bei den meisten Konsumvereinen zwischen 15 und 30 Mk. und sind allmählich voll einzuzahlen. Soweit sich Unterschiede im eigenen Kapital zeigen, sind sie mehr auf die verschiedenartige Höhe der Rücklagen zurückzuführen. Nach den Bilanzen und der Statistik für 1913 bzw. 1913/14 beläuft sich das gesamte eigene Kapital:

	in % des Umsatzes auf	für das Mitglied auf
a) Konsumverein in M.	14,4	20,55 Mk.
b) „ in W.	27,9	83,03 „
c) „ in E.	15,9	134,44 „
d) Bezirkskonsumverein*	9,5	26,41 „
e) Reichsverband deutscher Konsumvereine	10,6	28,79 „
f) Hamburger Prov.-Verband	11,4	26,90 „
g) in Deutschland im Durchschnitt	—	31,71 „

(* dessen Filialen in Vergleich mit den ländlichen Vereinen gesetzt wurden.)

Der Vergleich zeigt die vielleicht nicht erwartete Tatsache, daß die ländlichen Vereine verhältnismäßig mehr Eigenkapital, vor allen Dingen mehr Rücklagen ansammeln als die Bezirkskonsumvereine. Selbst der Konsumverein in M., der die Kapitalbildung, ebenso wie die gesamte Geschäftsführung, ersichtlich nachlässiger behandelt als die Vereine in W. und E., stellt einen größeren Prozentsatz an eigenem Kapital zum Umsatz als die Bezirkskonsumvereine. Allerdings ist bei den ländlichen Vereinen der Umsatz an sich geringer als bei den städtischen. Auch die Mitglieder setzen sich meist aus einem bleibenden Stamm von Genossen zusammen. Bei den Bezirkskonsumvereinen läßt demgegenüber der durch die Bewegung der Arbeiterbevölkerung hervorgerufene häufige Zu- und Abgang im Mitgliederkreise die Geschäftsguthaben nicht zur vollen Entwicklung kommen. Außerdem ist auch das System der stillen Reserven durch Minderbewertung der Warenbestände usw. bei den großen Vereinen wohl mehr ausgebildet. Wiederum aber wird man hinsichtlich der Kapitalbildung an die großen Vereine, wenigstens soweit sie Eigenproduktion betreiben, entschieden höhere Anforderungen stellen müssen, als an die kleinen Vereine. Das eine geht aus der Gegenüberstellung klar hervor, daß die ländlichen Verhältnisse innerhalb der örtlich begrenzten Vereine die Bildung des eigenen Kapitals und damit des Rückgrats der genossenschaftlichen Arbeit nicht hemmen, sondern eher fördern.

Die vorstehenden Darlegungen geben zusammengefaßt die Antwort auf die im Eingang aufgeworfenen Fragen.

Die Lebensmittelversorgung auf dem Lande ist ungünstiger als in der Stadt, da ein leistungsfähiger Kleinhandel und der ausgeprägte städtische Wettbewerb fehlen. Ein Bedürfnis zur Bildung von Konsumvereinen ist daher auf dem Lande noch mehr als in der Stadt gegeben.

Die Konsumvereine begegnen auf dem Lande stärkeren Hemmungen als in der Stadt. Die Hindernisse liegen in den schlechteren Verkehrsmitteln, in der dünneren Bevölkerung und der geringeren Bedarfsmenge, auch in wirtschaftspolitischen Anschauungen, ferner in persönlichen Verhältnissen. Die Hindernisse lassen sich in kleinbäuerlichen Gegenden leichter als in Bezirken mit vorherrschendem Großgrundbesitz überwinden. In kleinbäuerlichen Bezirken ist die Bevölkerung in der Regel dichter. Der Kleinbauer ist verhältnismäßig mehr Konsument als der größere Besitzer. Außerdem sind hier landwirtschaftliche und Arbeiterbevölkerung so gemischt, daß der Landwirt zugleich zeitweise oder dauernd Arbeiter ist, fast jeder Arbeiter aber auch wieder einen landwirtschaftlichen Zwergbetrieb führt.

Gegenüber der Warenverteilung durch den ländlichen Kleinhandel bedeutet der ländliche Lebensmittel-Konsumverein einen entschiedenen Fortschritt. Der Fortschritt zeigt sich nachweisbar in der Preisregelung, in der Befreiung der Mitglieder aus der Abhängigkeit vom Handel. Die Besserung der Warenbeschaffenheit ist nicht nachweisbar, aber schon infolge des Wettbewerbs wahrscheinlich.

Ein Vergleich der örtlich begrenzten Lebensmittel-Konsumvereine mit den Bezirkskonsumvereinen zeigt hinsichtlich der Preise nicht erhebliche Unterschiede. Unter Berücksichtigung der Rückvergütung ist der zum Vergleich herangezogene Bezirkskonsumverein etwas billiger.

Der aus zweiter und dritter Hand kaufende örtliche Verein, dem auch die Gelegenheit zum Ausgleich zwischen den verschiedenen Filialen fehlt, wird im allgemeinen nicht die Ware in gleich guter Beschaffenheit liefern können wie der Bezirkskonsumverein mit hohem Umsatze. Die hohen Warenbestände und die Ladenhüter beeinflussen die Warenbeschaffenheit nachteilig.

Die Warenkontrolle beim kleinen Verein ist im allgemeinen nicht planmäßig durchgeführt. Der Verein ist abhängig von einzelnen Personen. Der Bezirkskonsumverein zeigt diese Schwäche nicht.

Was der Bezirkskonsumverein auf der einen Seite durch die Konzentration an Kosten erspart, muß er auf der anderen Seite durch die Zentralverwaltung und die planmäßige Kontrolle der Filialen mehr aufwenden. Mit der Größe wächst der Zwang zur Bureaukratisierung des Betriebes. Der kleine ländliche Verein erspart durch nebenamtliche Tätigkeit und geringere sachliche Auslagen erheblich an Kosten. Durch die Konzentration wird also im ganzen an Verwaltungskosten nichts erspart.

Die Borgwirtschaft ist durch die ländlichen Vereine nur mangelhaft bekämpft worden. Die Bezirkskonsumvereine haben in der Erziehung zur Barzahlung viel mehr geleistet, allerdings unter günstigeren Voraussetzungen und unter dem Zwang zur Barzahlung, den die mangelhafte Kreditfähigkeit ihrer Abnehmer auf sie ausübt.

Die Bildung von eigenem Kapital vollzieht sich in den ländlichen Konsumvereinen besser als beim Bezirkskonsumverein. Die Beteiligung des einzelnen Genossen an dem Konsumverein und seiner Verwaltung, also die eigentlich genossenschaftliche Seite der Beziehungen, findet im kleinen Verein einen günstigen Boden, der dem großen Verein mangelt. Bei dem Bezirkskonsumverein fehlt die persönliche Berührung im Nachbarschaftsverbande, die das im tiefsten Sinne genossenschaftliche Verhältnis zwischen der Verwaltung und dem Mitgliede bestimmt und die eigentlich genossenschaftliche Arbeit erst ermöglicht. Als eine Genossenschaft im ursprünglichen Sinne kann man deshalb den modernen Bezirkskonsumverein kaum noch bezeichnen.

Eine Abwägung des Für und Wider führt zu dem Ergebnis, daß der Bezirkskonsumverein den örtlichen Vereinen überlegen ist. Diese Überlegenheit ist aber mehr organisatorischer und technischer als grundsätzlicher Art. Überlegen ist der kleine selbständige Verein dagegen entschieden in eigentlich genossenschaftlicher Hinsicht. Wer das genossenschaftliche Moment gegenüber den rein materiellen geschäftlichen Bestrebungen nicht untergehen lassen möchte, wird nicht ohne weiteres für den Ersatz der örtlich selbständigen Vereine durch den Bezirkskonsumverein sprechen können. Vielmehr erscheint ihm die Erhaltung der selbständigen ländlichen Genossenschaften geboten, sofern es gelingt, ihre organisatorische und technische Unterlegenheit mehr oder weniger zu beseitigen. Dazu ist die Konzentration des Einkaufs mit den Vorteilen des Großbezugs hinsichtlich

Preis und Beschaffenheit der Waren, Verminderung der Warenbestände im Verhältnis zum Umsatz und Beseitigung der Borgwirtschaft notwendig. Das alles zu erreichen erscheint nicht unmöglich. Die Inanspruchnahme einer genossenschaftlichen Großeinkaufszentrale befreit den Verein von der Notwendigkeit, beim Großhändler zu kaufen. Die Zentrale ersetzt die dem Leiter des kleinen Vereins oft mangelnde Waren- und Geschäftskenntnis. Sie liefert ihm Ware von guter Beschaffenheit auch in kleinerer Menge zu angemessenem Preise. Er braucht also nicht so hohe Bestände zu halten wie sonst. Durch die Zentrale genießt er alle Vorteile des Großeinkaufs, wenn die Zentrale Eigenproduktion einführt, auch den daraus hervorgehenden Nutzen.. Die Durchführung einer planmäßigen Warenkontrolle ist durch fortgesetzte Belehrung und Anweisung durch die Verbände zu erreichen. Ebenso können die genossenschaftlichen Verbände, vielleicht in Verbindung mit einer Großeinkaufszentrale, allmählich durch Erziehung den Grundsatz der Barzahlung zur Durchführung bringen. Vielleicht ist hier auch durch Fühlung mit den ländlichen Spar- und Darlehnskassen und Übernahme des berechtigten Betriebskredits durch diese eine Besserung zu erreichen. Eine planmäßige Arbeit in dieser Richtung wird die Entwicklung der Bezirkskonsumvereine in dicht besiedelten, in unserem Sinne „städtischen" Bezirken nicht beeinflussen können. Aber sie wird ermöglichen, die selbständigen Vereine auf dem Lande zu erhalten, vielleicht zu vermehren. Das wäre für die geschäftliche Seite der Konsumvereinsarbeit kein Nachteil, für die genossenschaftliche aber entschieden ein Gewinn.

Die Einrichtungen der Verkaufsstelle des Bundes der Landwirte und deren Zwecke und Ziele.

Von

Dr. Ernst Köhler,

Geschäftsführer des Revisionsverbandes des Bundes der Landwirte.

Es wird vorausgeschickt, daß der Bund der Landwirte zur Zeit seiner Gründung im Jahre 1893, als er noch eine freie Vereinigung war, die Tätigkeit, die heute der Verkaufsstelle des Bundes der Landwirte zufällt, selbst, in begrenztem, den damaligen Verhältnissen entsprechenden Umfange ausgeübt hat.

Mit dem Wachsen des Bundes der Landwirte stellte sich die Notwendigkeit der Schaffung einer den wirtschaftlichen Zwecken der Mitglieder dienenden besonderen Organisation heraus, und so wurde schließlich auf ausdrücklichen Wunsch der Mitglieder des Bundes der Landwirte im Jahre 1895 die Verkaufsstelle des Bundes der Landwirte, G. m. b. H. ins Leben gerufen.

Im Jahre 1900 wurden dann alle diejenigen Geschäfte, die seither der Bund geführt hatte, an die Verkaufsstelle des Bundes der Landwirte abgetreten.

Die Verkaufsstelle sieht ihre Hauptaufgabe darin, die Mitglieder des Bundes der Landwirte in der Förderung ihres wirtschaftlichen Betriebes zu unterstützen und ihnen hierzu die erforderlichen technischen Hilfsmittel und Gebrauchsartikel unter der Garantie einwandfreier Belieferung preiswert zu beschaffen.

Die Bundesmitglieder sollen aber in der Verkaufsstelle nicht allein nur einen soliden und kulanten Abgeber der von ihnen benötigten Waren erblicken, sondern auch diejenige Stelle, die ihre Sache dem Händler wie der Fabrik gegenüber wie ihre eigene vertritt und in Fällen nicht zufriedenstellender Lieferung ihre Interessen nach jeder Richtung hin wahrnimmt.

Daß sie diese Aufgaben, die sie sich gesetzt hat, in hohem Maße erfolgreich erfüllt hat, beweisen die alljährlich steigenden Umsätze, auf die später noch zurückzukommen sein wird.

Der alljährlich sich vergrößernde Umfang hat es notwendig gemacht, die Verkaufsstelle in verschiedene Abteilungen zu gliedern und zwar:

1. die technische Abteilung,
2. „ Abteilung für Maschinenwesen,
3. „ „ „ Original-Saatgut,

4. die Abteilung für Buchführungswesen,
5. " " " Versicherungswesen,
6. " " " Auskünfte.

Die unter 1 genannte technische Abteilung vermittelt den Bezug von künstlichen Dünge- und Futtermitteln, Streumaterial (Torfstreu), Kohlen usw.

Das Thomasmehl und die Kalisalze werden auf Grund der in Frage kommenden Syndikatsverträge gehandelt bzw. vermittelt. – Für beide Düngemittel ist die Konkurrenz hinsichtlich des Preises mit der Händlerschaft so gut wie ausgeschlossen. — Es ist aber zu berücksichtigen, daß den Abnehmern, namentlich den kleinen und kleinsten Landwirten auch für ihre kleinen Bezüge durch die Verkaufsstelle die weitgehendsten Garantien geboten werden, wie sie solche für ihre kleinen Quantitäten anderwärts nicht haben.

Die Ortsgruppenorganisation im Bunde der Landwirte macht es möglich, daß viele kleinen Landwirte sich sehr leicht zu Sammelbezügen zusammenschließen können. — In der Regel werden diese Zusammenschlüsse durch den Vertrauensmann der Ortsgruppe veranlaßt, welcher auch die Aufträge der Mitglieder entgegennimmt und dann die weiter erforderlichen Schritte unternimmt, die darin bestehen, daß er den Auftrag zur Lieferung an die Verkaufsstelle des Bundes der Landwirte überschreibt, die Ware in Empfang nimmt, für deren Verteilung sorgt, dann später die einzelnen Beträge einzieht und sie mit der Verkaufsstelle des Bundes der Landwirte verrechnet.

Durch dieses Verfahren sichern sich auch die kleinen Bezieher nicht allein die Vorteile des Großbezuges, sondern sie haben auch noch — und darin bestehen die besonderen Garantien – den Vorteil, daß sie die empfangenen Waren auf ihren Gehalt hin kostenfrei untersuchen lassen können, daß sie sich also davon überzeugen können, ob ihnen derjenige Gehalt geliefert worden ist, für den sie bezahlen sollen, da der die Sammelladung vermittelnde Vertrauensmann beim Eingang der Waggons vorschriftsmäßige Probe nimmt und sie auf Kosten der Verkaufsstelle untersuchen läßt.

Da zur Lieferung von Futtermitteln nur vertrauenswürdige Firmen herangezogen werden, die der Verkaufsstelle durch langjährigen Verkehr bekannt sind, so ist die Garantie für die Belieferung mit einwandfreier Ware von vornherein gegeben, und wenn einmal Differenzen vorkommen, die selbst bei äußerster Vorsicht nicht immer zu vermeiden sind, so haben die Bezieher nicht allein die Gewähr, daß die technische Abteilung ihre Interessen energisch wahrnimmt, sondern auch, daß die Differenzen in entgegenkommender Weise von den Lieferfirmen ordnungsmäßig geregelt werden.

Dadurch, daß die Lieferung der Düngemittel meistens von den Produktionsstätten direkt erfolgt, ebenso die Lieferung der Futtermittel direkt von den Fabriken, werden Lager- und sonstige Zwischenspesen vermieden, wodurch naturgemäß die Ware wesentlich verbilligt wird.

Neben der Vermittelung der Futter- und Düngemittel hat aber auch die technische Abteilung noch die Einrichtung getroffen, den Mitgliedern des Bundes Ratschläge in Anbau- und Düngungsangelegenheiten, in der Viehzüchtung und Fütterung geben zu können. Sie verfügt zu diesem Zwecke über wissenschaftliche Hilfsarbeiter, die zum Verwaltungskörper gehören, außerdem aber auch noch über eine große Anzahl Sachverständiger, die außerhalb derselben stehen. Düngungsversuche hat die technische Abteilung ebenfalls in ihre Tätigkeit aufgenommen, die alljährlich in ausgedehntem Maße ausgeführt werden.

Die Entwicklung der technischen Abteilung geht aus den nachstehenden Zahlen hervor.

Es wurden nach den statistischen Aufstellungen bis zum Jahre 1902 vermittelt:

Dünge- und Futtermittel 141 797 500 kg im Werte von zirka 4 088 227 Mk.

Im Jahre 1913 stellen sich die Absatzzahlen wie folgt:

Dünge- und Futtermittel 387 996 105 kg im Werte von rund 14 000 000 Mk.

Die Tätigkeit der unter 2 aufgeführten Abteilung für Maschinenwesen vermittelt nicht allein den Ankauf von landwirtschaftlichen Maschinen, sondern befaßt sich auch mit der Lieferung und Herstellung landwirtschaftlich-industrieller Anlagen.

Sie steht mit fast allen bedeutenden Firmen in Verbindung und bietet in erster Linie diejenigen Maschinen an, welche sich für den betreffenden Zweck und die betreffende Gegend am besten eignen. — Vertretungen bestimmter Fabriken werden grundsätzlich nicht übernommen. — Der Hauptwert bei der Lieferung von Maschinen wird vielmehr auf die Auswahl guter Fabrikate und zweckmäßige Ausführung gelegt. Dies gilt vorwiegend für alle landwirtschaftlichen Maschinen, die als fertige Fabrikate geliefert werden, die also feststehende Listenpreise haben und deren Vertrieb immer unter Anwendung einer gewissen Erfahrung in der Auswahl doch vorwiegend eine kaufmännische Arbeit ist.

Anders liegen die Verhältnisse bei der Lieferung von landwirtschaftlich-industriellen Anlagen, die eine eingehende technische Bearbeitung erfordern, wofür das entsprechende Personal bei der Maschinenstelle vorhanden ist.

Eine wesentliche Tätigkeit derselben ist aber auch noch die Auskunftserteilung über die Konstruktion, über die Preise von landwirtschaftlichen Maschinen und die sonstige Beratung, die von den Mitgliedern des Bundes der Landwirte gelegentlich des Bezuges landwirtschaftlicher Maschinen gefordert wird.

Das Gebiet, auf welchem die Maschinenabteilung auch noch im vorwiegenden Maße ihre Tätigkeit entfaltet, ist der Bau von Trocknungsanlagen und Molkereien. Sie hat durch ihre zweckmäßigen und praktischen Entwürfe in den letzten Jahren den Bau dieser Betriebe in neue Bahnen gelenkt, so daß diese kleinen Betriebe heute wirtschaftlich mit dem gleichen Nutzen arbeiten können, wie die großen Betriebe. —

Der Bau von kleinen Molkereien kommt in erster Linie den bäuerlichen Besitzern zugute und trägt wesentlich dazu bei, die Produktion von Molkereierzeugnissen für den allgemeinen Markt zu vermehren.

Wenn auch hie und da behauptet wird, daß eine größere Molkerei durch die Errichtung kleinerer Molkereien geschädigt wird, so unterliegt es doch keinem Zweifel, daß durch die Errichtung der kleinen Molkereien die für den Markt hergestellten Gesamtmengen von Molkereiprodukten und rückwirkend, die Viehhaltung innerhalb gewisser Bezirke, ganz wesentlich gesteigert wurde.

Auch in ihrer umfangreichen Tätigkeit auf dem Gebiete der Trocknungsanlagen hat die Maschinenabteilung eine von allen Beteiligten anerkannte führende Stellung erlangt.

Die Molkerei- und Trocknungsanlagen werden nach eigenen Entwürfen der Maschinenabteilung ausgeführt.

Für die rein bautechnischen Arbeiten werden ländlichen Baumeistern, die zur Ausführung der Gebäude herangezogen werden, alle Zeichnungen und Berechnungen geliefert. — Dies bedeutet eine wesentliche Unterstützung der ländlichen Handwerker, wie auch die Maschinenabteilung darauf hält, daß Arbeiten, welche irgendwie von einheimischen Handwerkern ausgeführt werden können, auch an diese vergeben werden. — Dies geschieht meistens direkt durch die gegründeten Genossenschaften.

In ähnlicher Weise beteiligt sich die Maschinenabteilung auf dem Gebiete der Elektrotechnik in der Landwirtschaft, wenn auch hierbei die Beratung im Vordergrund steht und Lieferungen weniger ausgeführt werden.

In welcher Weise sich die Abteilung für Maschinenwesen ausgedehnt hat, dafür geben folgende Zahlen einen Anhalt:

im Jahre 1903 betrug der Umsatz in landwirtschaftlichen Maschinen und Geräten	200 000 Mk.,
im Jahre 1913 betrug in den inzwischen eingerichteten Unterabteilungen der Umsatz für größere Objekte (Dreschsätze usw.), Maschinen, Trocknungsanlagen, Molkereien und elektrische Anlagen	1 400 000 Mk.

Die unter 3 aufzuführende Abteilung für Original-Saatgut ist geschaffen worden, um auch den kleinen und kleinsten Landwirten die Möglichkeit zu geben, sich für verhältnismäßig geringe Aufwendung und unter Gewährleistung für die Güte des Saatgutes, zur Hebung ihrer Felderzeugnisse aus renommierten Saatgutzüchtereien Saatgut zu beschaffen. Zu diesem Zweck hat die Verkaufsstelle aus den Kreisen sowohl der Wissenschaft wie der Praxis Autoritäten in einer Kommission vereinigt, die festzustellen haben, welche Zuchten von Saatgut als Originalzuchten zu betrachten und den Mitgliedern zum Anbau zu vermitteln sind.

Mit diesen Züchtern sind Verträge abgeschlossen, die den beziehenden Mitgliedern das Saatgut nicht nur verbilligen, sondern auch die Belieferung der Kontrolle der Abteilung unterstehen. Zu diesem Zweck werden die Saatgutfelder alljährlich einer regelmäßigen Besichtigung durch die genannte Saatgutkommission unterzogen.

Hierbei darf auch nicht unerwähnt bleiben, daß seit einer Reihe von Jahren die Saatgutabteilung im Verein mit der technischen Abteilung Anbau- und Düngungsversuche bei nur kleinen Landwirten eingerichtet hat, die unter Aufwendung erheblicher Mittel dazu bestimmt sind, die kleinen Landwirte für fachtechnische Entwicklung und den Fortschritt ihrer Landwirtschaften auch in dieser Richtung zu interessieren, und das Ergebnis hat die Erwartung nicht getrügt. Die Verwertung der Versuche auch von den kleinen Landwirten ist zum großen Teil mit Verständnis ausgeführt worden und hat gezeigt, daß das Interesse an den Versuchen dauernd gestiegen ist.

Die Einrichtung der unter 4 aufgeführten Abteilung für Buchführungswesen hat den Zweck, dem kleinen Landwirt die Vorteile, die eine geregelte Buchführung bietet, zugänglich zu machen. Durch die langen Jahre der Not insbesondere wurden die Landwirte darauf hingewiesen, durch eine genaue Buchführung sich darüber Klarheit zu verschaffen, wo ihre Wirtschaftsführung fehlerhaft und änderungsbedürftig sei. Besonders aber nach Einführung der Selbst-Deklarationspflicht für die Steuerverwaltung wurde es geradezu eine Notwendigkeit auch für die kleinen Landwirte, ihr Einkommen durch die Buchführung einwandfrei feststellen zu können. Die Abteilung hat zu diesem Zweck ein möglichst einfaches, leicht faßliches, aber allen Anforderungen genügendes Buchführungssystem zusammengestellt, welches sie den Bundesmitgliedern zur Selbstbearbeitung in die Hand gibt oder nach Wunsch auch in der Zentrale nach gesammelten eingereichten Notizen bearbeiten läßt.

Über die Tätigkeit der Abteilung für Buchführungswesen geben folgende Daten einen Überblick:

Es ist im letzten Jahre die Buchführung von 753 kleinen und größeren Gütern ausgeführt bzw. kontrolliert worden. — Besucht wurden in Buchführungsangelegenheiten 367 Güter, teils um Geschäftsabschlüsse dort anzufertigen oder um neue Buchführungen einzurichten, teils um die Inventuraufnahmen hierzu zu machen und Revisionen auszuführen.

Zu den meisten von der Abteilung fertiggestellten Abschlüssen sind auch die Steuererklärungen gemacht worden. Wo es gewünscht wird, wird auch die Vertretung dieser Steuersachen im weiteren Instanzenwege übernommen.

Die von der Buchführungsabteilung eingerichteten und herausgegebenen, handlichen, leicht faßlichen und einfachen Wirtschaftsbücher sind in zirka 6000 Wirtschaften eingeführt.

Die unter 6 genannte Stelle für Auskünfte erstreckt ihre Tätigkeit auf Auskünfte:

für Rechnungsangelegenheiten,
für Bauwesen,

für Veterinärwesen,
für Patentwirkungs- und Verwertungsangelegenheiten,
für ornithologische Anfragen,
für Obst- und Gartenbauangelegenheiten,
für Forstwesen,
für Fischzucht,
für Brunnen- und Wasserleitungsanlagen betr. Angelegenheiten,
für Meliorationswesen.

Auch für diese Tätigkeit stehen der Auskunftsstelle eine große Anzahl Sachverständiger zur Verfügung.

Die vorstehenden Schilderungen zeigen, in welcher Weise die Verkaufsstelle des Bundes der Landwirte die wirtschaftlichen Interessen der dem Bunde der Landwirte angehörenden Mitglieder erfolgreich wahrzunehmen bestrebt ist. – Aber nicht diesem Zwecke allein dient sie, sie wirkt auch im Interesse der gesamten deutschen Landwirtschaft als bedeutsames Glied in dem Zusammenschluß mit den andern großen deutschen landwirtschaftlichen Organisationen, der seinen Einfluß findet in der Bezugsvereinigung der deutschen Landwirte, G. m. b. H. Berlin, welche alljährlich die Preise für das Thomasmehl mit den Thomasphosphatfabriken festsetzt, ferner in der Landwirtschaftlichen Düngerbezugsgesellschaft m. b. H. in Berlin, welche zum Zwecke des genossenschaftlichen Kalibezuges gegründet ist, beides Vereinigungen, welche in ihrer Gesamtheit eine Interessenvertretung der Landwirtschaft darstellen, wie eine solche außer in Deutschland, in keinem anderen Staate besteht.

Die Ein- und Verkaufsgenossenschaften des Revisionsverbandes des Bundes der Landwirte und ihre Entwicklung.

Von

Dr. Ernst Köhler,

Geschäftsführer des Revisionsverbandes des Bundes der Landwirte.

Die Fülle genossenschaftlicher Tätigkeiten, die aus den Bedürfnissen der Landwirtschaft mit der Zeit erwuchsen, führte dahin, daß die ihrem Wesen nach einfachste der genossenschaftlichen Formen — die „Bezugsgenossenschaft" oder wie sie ihrer doppelten Funktion halber gewöhnlich heißt, die „Ein- und Verkaufsgenossenschaft" oder „Bezugs- und Absatzgenossenschaft" — ins Leben trat. Der Absatz spielt aber ständig eine untergeordnete Rolle und ist bei weitem nicht so entwickelt, wie der Bezug, da er viel schwieriger ist.

Mit dem zunehmenden Wachstum der Zahl der Mitglieder des Bundes der Landwirte entstand die Notwendigkeit, eine Genossenschaftsabteilung zu gründen. Es wurde deshalb im Jahre 1896 der Revisionsverband des Bundes der Landwirte ins Leben gerufen, der sich über ganz Deutschland erstreckt. Er ist auf ausdrücklichen Wunsch und infolge des Verlangens der Mitglieder des Bundes, in allen wirtschaftlichen Fragen vom Bunde beraten zu werden, entstanden. Neben dem Revisionsverband besteht die am 25. September 1896 errichtete Genossenschaftliche Zentralkasse des Bundes der Landwirte, deren Aufgabe es ist, den angeschlossenen Genossenschaften die zum Betriebe notwendigen Kapitalien zu beschaffen und die verzinsliche Anlage überschüssiger Gelder zu erleichtern. Sie ist eine Genossenschaft mit beschränkter Haftpflicht.

Es ist das Bestreben des Revisionsverbandes des Bundes der Landwirte, mit den bestehenden Genossenschaftsverbänden in friedlichem Einvernehmen zu leben und mit ihnen die großen Aufgaben zu erfüllen, welche das Genossenschaftswesen im Dienste der Landwirtschaft zu erreichen sucht. Wie erfolgreich er hierin gewesen ist, zeigt sein stetiges Anwachsen und seine gedeihliche Entwicklung, obgleich er seit seinem Bestehen nur dort Genossenschaften gründet, wo dies von Mitgliedern des Bundes ausdrücklich verlangt wird.

In dem Revisionsverbande des Bundes der Landwirte sind zurzeit zirka 400 Genossenschaften der verschiedensten Art vertreten. Den gemeinsamen Ankauf betätigen hauptsächlich seine Ein- und Verkaufsgenossenschaften, die auch als „Konsumgenossenschaften" bezeichnet werden. Da aber neben diesen auch eine Reihe anderer Genossenschaften der verschiedensten Art, wie z. B. Molkereien, Winzergenossenschaften, Verwertungsgenossenschaften usw. und in letzter Zeit auch mehr und mehr Spar- und Darlehnskassen, auf dem Gebiete des gemeinsamen Einkaufs tätig sind, läßt sich ein klares und erschöpfendes Bild vom Gesamtumfange des gemeinsamen Bezuges der Genossenschaften des Revisionsverbandes des Bundes der Landwirte nicht mit Sicherheit gewinnen.

Gegenstand des Unternehmens der landwirtschaftlichen Bezugsgenossenschaften im Revisionsverbande des Bundes der Landwirte ist die Beschaffung landwirtschaftlicher Betriebsmittel. Die Waren, deren Ankauf durch die Bezugsgenossenschaften vermittelt wird, sind hauptsächlich künstliche Düngemittel, Saatgetreide und Sämereien, Kraftfuttermittel, in neuerer Zeit auch Kohlen. Immer wird darauf hingewiesen, das Geschäft nur auf landwirtschaftliche Verbrauchsstoffe zu beschränken und schon aus mittelstandspolitischen Erwägungen nie auch auf Kolonial- und Manufakturwaren auszudehnen. Nehmen doch auch die spezifisch landwirtschaftlichen Aufgaben die Kräfte der Genossenschaftsbewegung völlig in Anspruch, so daß die Übernahme des Bezuges von persönlichen und häuslichen Bedarfsartikeln als eine der landwirtschaftlichen Berufstätigkeit fremde und schwierige Aufgabe vielerlei praktische und geschäftliche Bedenken wachruft.

Die Entwicklung der Konsumgenossenschaften des Revisionsverbandes des Bundes der Landwirte ist gegenüber dem Aufschwunge der Spar- und Darlehnskassen eine nur langsame gewesen. Diese Erscheinung läßt sich auf folgende Ursachen zurückführen:

1. Vereinigen Spar- und Darlehnskassen mit dem Kreditgeschäft das Bezugsgeschäft;

2. wird in vielen Orten der gemeinsame Ankauf landwirtschaftlicher Konsumartikel durch freie Vereinigungen besorgt in Anlehnung an die Spar- und Darlehnskassen des Bundes;

3. beziehen Bundesmitglieder für sich und ihre Ortsgruppen, ohne irgendwie genossenschaftlich zusammengeschlossen zu sein oder einen Bezugsverein zu bilden, direkt von der Verkaufsstelle des Bundes der Landwirte, wodurch ihnen dieselben Vorteile gewährt werden, wie den genossenschaftlich organisierten.

Aus der Statistik für die Ein- und Verkaufsgenossenschaften des Bundes der Landwirte können wir feststellen, daß der Bezug und der Gesamtumsatz dieser betrug in Mark im Durchschnitt der Jahre bzw. des Jahres:

Jahr	Genossenschaften überhaupt	geantwortet haben: Genossenschaften	geantwortet haben: Mitgliederzahl	Gesamtbezug in Mark	Bezug pro Genossenschaft in Mark	Höchstbetrag in Mark	Mindestbetrag in Mark	Gesamtumsatz in Mark
1905–1907	25	11	2237	8 057 715	3602	4 089 395	47 909	20 049 714
1908–1910	31	26	4308	10 192 106	2366	4 842 179	1 979	22 876 999
1911	34	22	4434	10 829 814	2442,5	4 936 834	17 239	26 633 506
1912	34	28	5993	19 773 186	3299,4	7 707 822	9 300	57 035 241

Der Gesamtumsatz bezieht sich auf das Bezugs- und Absatzgeschäft. Dabei ist zu bemerken, daß die meisten Genossenschaften den genossenschaftlichen Absatz überhaupt nicht betreiben und sich nur auf das Bezugsgeschäft beschränken.

Das Betriebskapital der Bezugsgenossenschaften betrug:

Jahr	Betriebskapital überhaupt Mark	pro Genosse Mark	Eigenes Betriebskapital der Genossenschaften Mark	pro Genosse Mark
1905 – 1907	—	—	111 805	55,7
1908—1910	1 035 896	240	548 542	125
1911	1 326 674	299	587 173	132,4
1912	3 205 491	535	841 336	140,5

Das Gesamtbetriebskapital setzt sich zusammen aus dem Geschäftsguthaben, den Reserve- und Rücklagefonds — also dem eigenen Betriebskapital und den angeliehenen Geldern, wobei Hauptgeldgeberin die Genossenschaftliche Zentralkasse des Bundes der Landwirte ist.

Die Mitgliederzahl in den einzelnen Bezugsgenossenschaften schwankt zwischen der Höchstzahl 2381 und der Mindestzahl 14, der Gewinn zwischen dem Höchstbetrage von 74 214 Mk. und dem Mindestbetrage von 4 Mk. in je einer Genossenschaft. Er betrug in seiner Gesamtheit:

im Jahre	1909	84 179 Mk.
„ „	1911	108 485 „
„ „	1912	86 003 „

Die Bezugsgenossenschaften des Revisionsverbandes des Bundes der Landwirte sind fast durchgehends eingetragene Genossenschaften mit beschränkter Haftpflicht. Der Kredit der Bezugsgenossenschaften bei der Genossenschaftlichen Zentralkasse hat sich in den letzten drei Jahren vervierfacht, um den Einkauf gegen Barzahlung zu ermöglichen, da als erster geschäftlicher Grundsatz bei den genossenschaftlichen Bezügen, wie bei den Konsumvereinen die Zahlungen innerhalb einer kurzen, angemessenen Frist gilt. Es darf auf keinen Fall Sache einer Bezugsgenossenschaft sein, durch die Genossenschaftliche Zentralkasse dem Personalkredite der Genossen zu dienen, um dadurch das ungesunde Warenkreditieren — das „Ankreiden" des oft wucherischen Zwischenhandels fortzusetzen, ganz abgesehen davon, daß das Außerachtlassen dieser genossenschaftlichen Regel der Barzahlung zu großen Verlusten und Unannehmlichkeiten Anlaß geben kann.

Wenn auch vermieden werden muß, aus dem vorliegenden Zahlenmaterial weitgehende Schlüsse zu ziehen, so wird man doch immerhin imstande sein, feststellen zu können, daß sich nirgends eine genossenschaftliche Konkurrenz gegenüber dem Handel so nützlich gezeigt hat wie gerade auf dem Gebiete des gemeinsamen Ankaufs landwirtschaftlicher Betriebsmittel.

Die Konsum- und Spargenossenschaft für Schney und Umgegend.

Von

Dr. Käthe Gaebel.

Ein glänzendes Beispiel dafür, was genossenschaftlicher Geist, verbunden mit praktischem Blick und Geschäftstüchtigkeit, auch in kleinen Verhältnissen und im Kampf mit widrigen Gewalten leisten kann, ist die Konsum- und Spargenossenschaft für Schney und Umgebung. Schney ist ein kleiner oberfränkischer Flecken von etwa 1900 Einwohnern, die zumeist ihre Einnahmen aus der Korbwarenheimarbeit beziehen, die neben der Landwirtschaft ziemlich die einzige Erwerbsgelegenheit in dem Örtchen bildet. Die Heimarbeit vollzieht sich in der Korbmacherei in eigenartigen Formen; der Arbeiter stellt das Rohmaterial selbst und „verkauft" die fertige Ware; das Entgelt hat also hier die Form des „Preises" und nicht des „Lohnes". Trotz dieser scheinbar etwas größeren Selbständigkeit des Heimarbeiters entwickelten sich augenscheinlich recht starke Abhängigkeitsverhältnisse, da nur eine ganz kleine Zahl großer, kapitalkräftiger Unternehmer in Lichtenfels und Coburg als Arbeitgeber in Frage kam, die sich leicht über Preise, Behandlung der Arbeiter und sonstige gemeinsame Arbeitgeberinteressen verständigen konnten.

Den ersten Anstoß zu der Gründung eines Konsumvereins gaben nicht so sehr materielle als ideelle Gründe. Bei Verhandlungen in der Gemeinde über die Tragung der Schullasten fielen Worte, die das Solidaritätsbewußtsein der Arbeiter plötzlich wachriefen und dem Gedanken des wirtschaftlichen Zusammenschlusses eine starke innere Triebkraft verliehen. Zunächst wurde die Begründung eines Konsumvereins, der die Arbeiter mit Lebensmitteln und mit Rohstoffen für die Korbmacherei versorgen sollte, ins Auge gefaßt. Erregte schon der gemeinsame Bezug von Lebensmitteln einen Sturm der Entrüstung bei den Händlern, so noch viel mehr der eigene Bezug der Rohstoffe. Bislang hatten die Arbeiter diese von ihren Arbeitgebern direkt oder in verschleierter Form durch Agenten beziehen und sehr hohe Preise dafür zahlen müssen. Zwar vermieden die Lichtenfelser Korbwarenhändler, nachdem eine Anzahl von ihnen deshalb auf der Anklagebank hatte sitzen müssen, eine klare Übertretung des Truckverbots, aber Umgehungen in der Form, daß völlig abhängige Agenten in die

Dörfer gesetzt wurden, bei denen die Arbeiter kaufen mußten, ließen sich durch das Gesetz nicht verhindern. An diesem Punkt setzte die Selbsthilfe der Arbeiterschaft ein, freilich nicht, ohne zunächst harte Kämpfe durchmachen zu müssen. Denn alsbald sperrten einige Unternehmer in gemeinsamem Vorgehen den Arbeitern, die dem Konsumverein beigetreten waren und dorther ihre Rohstoffe bezogen, die Arbeit und versetzten sie damit in bittere Bedrängnis. Es waren schwere Zeiten, die das noch junge Unternehmen durchzumachen hatte; einige, wenn auch nicht sehr viele Mitglieder, fielen ab; gelang es nicht, schnell Abhilfe zu schaffen, so drohte das Ganze zusammenzubrechen. Die Energie der Leiter und der genossenschaftliche Sinn der Mitglieder brachten das scheinbar Unmögliche zustande; der Zufall kam zu Hilfe. Es wurden nämlich in Schney in der Hauptsache ein- und zweideckligе Marktkörbe hergestellt, Massenware, die für den Verbrauch in Arbeiterkreisen berechnet ist. Der Verein erließ einen Aufruf an die deutsche Arbeiterschaft, ihm durch Kauf dieser Ware beizustehen, und appellierte namentlich mit gutem Erfolg an die Konsumvereine, die alsbald in größerem Umfange den Vertrieb der gangbaren Ware übernahmen. Mit diesen sicheren, nicht unbeträchtlichen Aufträgen als festem Rückhalt überstand der kleine Verein die Krise, und nach einiger Zeit legte sich auch der Widerstand der Händler. Was das Gesetz nicht vermochte, dem Truckunwesen ein Ende zu bereiten, das brachte der zähe Wille eines kleinen Trüppchens aufrechter Männer zustande.

Die Ersparnis bei Bezug der Rohstoffe durch den Konsumverein war nicht gering; sie betrug bei Vollarbeitern 50—200 Mk. jährlich, eine Summe, die bei den sehr bescheidenen Einkommensverhältnissen der Korbmacher sehr erheblich ins Gewicht fällt und meist hinreicht, um Miete oder Hauszins zu zahlen. Der Verein war dadurch aus einer reinen Verbraucher- eine Erzeugergenossenschaft geworden, zu seinem und der Korbmacher Vorteil, denn der Verein verdiente, und die Arbeiter hatten einen Mehrverdienst von 10—20 Pfg. auf das Stück oder von 3—4 Mk. in der Woche.

Nachdem diese ersten Stürme überstanden waren, erfreute sich der Verein einer zwar langsamen aber stetigen Entwicklung. Betrug die Mitgliederzahl im ersten Geschäftsjahr 1900 nur 141 (davon 67 Korbmacher), so stieg sie im fünften Geschäftsjahr auf 209, im zehnten auf 265, im 15. auf 479 und beträgt jetzt 530. Noch günstiger war die

Gestaltung der Kassenverhältnisse und des Umsatzes. Um zunächst überhaupt Mittel für die Gründung zusammenzubringen, hatte man zu einem gewagten Mittel gegriffen: die Arbeiter wurden durch persönliche Besuche aufgefordert, alle zurzeit verfügbaren Gelder zu zeichnen. Auf diese Weise wurden innerhalb acht Tagen 6000 Mk. aufgebracht; es war allerdings mit der Möglichkeit zu rechnen, daß diese Gelder zurückgefordert und damit die Genossenschaft ihrer Mittel entblößt wurde. Dieser Gefahr waren sich die Gründer wohl bewußt, sie vertrauten aber auf die Zuverlässigkeit der Schneyer Arbeiterschaft und sahen sich darin nicht getäuscht.

Schon das erste Jahr schloß mit einem Umsatz von 45 986 Mk. und einem Gewinn von 3935 Mk. ab, von dem auf die von den Mitgliedern gekauften Waren 8 % „Dividende" gewährt wurde. Das folgende Jahr brachte den doppelten Umsatz und 9000 Mk. Gewinn, der eine Warendividende von 9 % gestattete. 1913 wurde eine Verkaufsstelle in dem benachbarten Korbmacherdorf Michelau eingerichtet; in diesem letzten Jahr vor dem Krieg war der Umsatz auf 208 000 Mk. gestiegen [1].

Von Anfang an bemühten sich die Leiter, das eigene Vermögen der Genossenschaft möglichst hoch zu halten, um durch Verfügung über größere Geldmittel die Leistungsfähigkeit der Genossenschaft zu heben. Schon im sechsten Geschäftsjahr erscheint neben dem Reservefonds von 3700 Mk. und dem Dispositionsfonds von 2500 Mk. ein Hausbaufonds in Höhe von 1200 Mk.; ihm wurde fortan regelmäßig der Gewinn an der Korbwarenproduktion zugeschrieben; er sollte dazu dienen, sparsamen, treuen Mitgliedern den Erwerb eines kleinen Hauses dadurch zu erleichtern, daß ihnen eine zweite Hypothek zu 4 % gewährt wurde. Dieser Fonds war am 30. September 1914 auf 8343 Mk. angewachsen; zur gleichen Zeit betrugen die eigenen Betriebsmittel an Geschäftsguthaben, Reserve-, Produktions-, Dispositions- und Hausbaufonds 36 700 Mk.; außerdem war die Genossenschaft in der Lage gewesen, von einem 1906 gekauften schönen Hause mit größerer Freifläche erhebliche Abschreibungen zu machen.

1908 wurde die Errichtung einer eigenen Korbmacherwerkstätte be-

[1] Um den hohen Steuern zu entgehen, wurde seit 1910 nur 1 % Dividende gezahlt, dafür wurde den Mitgliedern ein fester Rabatt von 5 % zugesichert und die Waren um 5 % billiger abgegeben. Eine sich aus diesem Verfahren ergebende Klage wurde bis zum obersten Verwaltungsgerichtshof geführt, von dem fester Rabatt als steuerfrei anerkannt wurde; die Genossenschaft erzielte dadurch eine jährliche Ersparnis von 600—800 Mark.

schlossen, in der laufend 30 Arbeiter beschäftigt wurden. Bisher hatte man nur Waren von Heimarbeitern gekauft, nun sollte im geschlossenen Betrieb bei geregelter Arbeitszeit und zu tariflichen Löhnen gearbeitet werden. Außerdem hatte der Verein eine Sterbeunterstützung eingerichtet, aus der an Mitglieder mit mehr als 200 Mk. Umsatz bei Sterbefällen von Erwachsenen 30 Mk. und von Kindern 15 Mk. Unterstützung gezahlt wurden. Der Plan, einen eigenen Arzt für die größtenteils nicht versicherten Mitglieder (Heimarbeiter, Landwirte, Handwerker) und ihre Angehörigen anzustellen (die Kosten sollten durch Herabsetzung der Dividende um 2 % aufgebracht werden), gelangte nicht zur Ausführung, weil die Ärzte Schwierigkeiten machten und man behördlicherseits riet, eine abwartende Stellung einzunehmen, da die Krankenversicherung der Hausgewerbetreibenden in Beratung sei.

So trat der Verein mit einem treuen Mitgliederbestand, für seine Verhältnisse erheblichen Geldmitteln und jahrelangen Erfahrungen in der Produktion und dem Vertrieb von Korbwaren in den Krieg. Sofort nach Kriegsbeginn finden wir ihn bemüht, überall helfend einzugreifen, wo es die Interessen seiner Mitglieder benötigten; weit über 1500 Mk. wurden allein in den ersten zwei Monaten nach Kriegsausbruch für die Unterstützung der im Felde stehenden Soldaten und ihre Angehörigen aufgewandt, später versicherte der Verein alle Mitglieder, die zum Kriegsdienst eingezogen sind, sodaß in Kriegssterbefällen 100—150 Mk. ausgezahlt werden; außerdem zahlt er aus eigenen Mitteln bei jedem Sterbefall von Mitgliedern oder deren Söhnen 30 Mk. aus, selbst wenn der Anteil noch nicht voll eingezahlt ist.

Einen ungeahnten Aufschwung nahm mit Kriegsbeginn die Produktionsabteilung, die aus technischen Gründen später, mit reichlichen Geldmitteln ausgestattet, als selbständige Organisation abgezweigt wurde. Während in früheren Zeiten jährlich 10—65 000 Mk. in Korbwaren umgesetzt wurden, stieg der Umsatz für die Zeit vom 1. Oktober 1914 bis 31. September 1915 auf mehr als 1 400 000 Mk. Den breitesten Raum nehmen darin die riesigen Heeresaufträge an Geschoß-, Werft- und Kohlenkörben ein, mit denen bis zu 700 Arbeiter in Schney und den umliegenden Dörfern beschäftigt wurden. An Lohn, Gehalt und Versicherung wurden mehr als 430 000 Mk. ausgezahlt. Die Löhne waren, zumal die Genossenschaft die *gesamten* Beiträge für die Versicherung trug, etwa 20 Pfg. pro Korb höher als bei privaten Geschäften und der Mehrverdienst der Arbeiter bezifferte sich auf

60 000 Mk. Dabei hatte sich die Genossenschaft genötigt gesehen, für etwa 400 000 Mk. Aufträge durch Mittelhand annehmen zu müssen, bei denen fast jeder Verdienst ausgeschlossen war. Trotzdem ergab sich im ganzen ein Reinverdienst von 167 000 Mk., und noch günstiger ist der Bericht über das Winterhalbjahr 1915/16, obgleich verschiedene große Posten infolge des Steigens der Rohpreise ohne Nutzen, ja sogar mit Schaden gearbeitet wurden. Die Löhne standen zum Teil 30 bis 40 Pfg. für das Stück höher als bei der Konkurrenz, trotzdem die Genossenschaft die Arbeit auf möglichst viele Familien verteilte, wodurch mehr Personal für die Erledigung der Aufträge benötigt wurde, und in ihrem geschlossenen Betriebe nur 9 stündige Arbeitszeit hatte, also mit erheblich höheren Geschäftsspesen rechnen mußte.

Die Genossenschaft sah sich nunmehr vor die Frage gestellt, ob sie diesen Reingewinn als Dividende ausschütten oder für weitere gemeinsame Unternehmungen zusammenhalten wollte. Es ist bezeichnend für den starken Gemeinsinn, daß sie den letzteren Weg wählte, trotzdem die Teuerung, die schwierige Lage, in die manches Mitglied durch den Krieg gekommen war, eine starke Versuchung war, das augenblickliche Geldbedürfnis in erster Linie zu befriedigen.

Zunächst wurden erhebliche Abschreibungen gemacht, sodaß die sämtlichen Grundstücke und Gebäude des Vereins nur noch mit 2000 Mk., Inventar und Lichtanlage mit 1 Mk. zu Buche stehen. Geplant ist die Errichtung eines Fabrikneubaues mit Badeanstalt, einer Bäckerei und eines Verwaltungsgebäudes, eines Invaliden-Ledigenheimes und — unter Gründung einer eigenen Baugenossenschaft — die Beschaffung gesunder Wohnungen durch Gewährung billigen zweitstelligen Hypothekenkredits.

Die Verwaltung legt gerade auf diesen Zweig ihrer Tätigkeit besonderen Nachdruck und müht sich, in immer erneuten Aufrufen ihre Mitglieder zur Sparsamkeit im Hinblick auf das eigene Heim zu erziehen. Augenscheinlich nicht ohne Erfolg: die Spareinlagen wuchsen von 19 000 Mk. am 30. September 1914 auf 41 000 Mk. am 30. Oktober 1915 und 51 000 Mk. am 1. April 1916, ein erfreuliches Zeichen für den wirtschaftlichen Sinn, aber auch für die verhältnismäßig günstige Lage der Mitglieder.

* * *

Angesichts der außerordentlichen Schwierigkeiten, mit denen jede Produktivgenossenschaft, ganz besonders aber eine solche von Heimarbeitern, zu kämpfen hat, erhebt sich die Frage: welche Gründe führten zu einem so erfreulichen Gedeihen? — Die Klippen, an denen, abgesehen von persönlichen Schwierigkeiten, die meisten Heimarbeiter-Produktivgenossenschaften zugrunde gingen, waren Kapitalmangel, technische Rückständigkeit, die Unmöglichkeit, den Wettbewerb auf dem freien Markt auszuhalten; sobald es sich um Mode-, Luxus- und Ausfuhrwaren handelt, wo also Spekulation mit großen Gewinnen und Verlusten und der Notwendigkeit schneller, rücksichtsloser Marktausnutzung vorliegt, hat die genossenschaftliche Organisation bisher noch immer versagt. Wer eine Geschichte der Genossenschaften der Heimarbeiter schreibt, wird deshalb von vielen Mißerfolgen und Verlusten und nur ganz wenigen geglückten Versuchen berichten können. Was der Schneyer Genossenschaft ihren starken Erfolg brachte, war neben den persönlichen Voraussetzungen die besondere Eigenart der äußeren Verhältnisse. Es standen alsbald nicht nur die Gewinne aus dem Korbwarenverkauf, sondern auch aus dem Warenverkauf als Anlagekapital zur Verfügung, und dieses Kapital wurde planmäßig erhöht, sodaß die Genossenschaft, als die Hochkonjunktur des Krieges begann, über nicht ganz unbeträchtliche Mittel verfügte. In Betracht kam weiter, daß ein gangbarer Massenartikel, der wenig Modeschwankungen ausgesetzt ist, erzeugt wurde, und daß sich für diesen ein fester Abnehmerkreis in den von käufermoralischen Gesinnungen getragenen, durch gleiche Weltanschauung verbundenen Konsumvereinen fand. So spielte das spekulative Element in der Geschäftsführung eine verhältnismäßig geringe Rolle; es handelte sich vielmehr darum, regelmäßig und gut zu liefern und den Einkauf der Rohmaterialien so günstig wie möglich zu gestalten. Später trat der Staat als Förderer und Hauptauftraggeber auf; auch er verlangte verhältnismäßig einfache und wenige Typen, was die Kalkulation vereinfachte. Allerdings darf man die kaufmännische Leistung der Genossenschaft während des Krieges angesichts des sprunghaften In-die-Höhe-Schnellens der Rohstoffpreise nicht gering einschätzen, und wo die Arbeit aus Mittelhand angenommen wurde, mußte gelegentlich zugesetzt werden. Überhaupt wurde die mit schlechten Löhnen arbeitende private Konkurrenz als überaus störend empfunden, zumal der verhältnismäßig kleine Verein nicht preisbestimmend auftreten konnte. Da aber die Heeresverwaltung bei direkter Lieferung die Preise so festgesetzt hatte, daß gute Löhne und anständige Arbeitsbedingungen geboten werden konnten, und da sie bewußt die Genossenschaften bevorzugte, ließ sich die Konkurrenz ertragen, ja der Verein konnte an der guten Kriegskonjunktur einen Anteil haben. Ohne große, feste, regelmäßige Lieferungen als Rückhalt, von welcher Stelle sie auch kommen mögen, dürfte eine Produktivgenossenschaft nur in den seltensten Fällen Erfolg haben. Sie arbeitet doch verhältnismäßig zu teuer und schwerfällig, um mit der privaten Konkurrenz, die auf sozialpolitische Forderungen nur notgedrungen Rücksicht nimmt, in Wettbewerb treten zu können.

Wohl aber können sich die Vorzüge der genossenschaftlichen Organisation voll ausleben, sobald die kaufmännische Spekulation des Absatzes ausgeschaltet wird und der Staat oder die großen Verbrauchsorganisationen, die einen Staat im Staate bilden, stützend dahinter steht.

Aber in diesem Falle waren doch wohl nicht allein die verhältnismäßig günstigen äußeren Umstände ausschlaggebend, sondern die Tatkraft, Ehrenhaftigkeit und der Weitblick der Führer und ein ausgeprägter Gemeinsinn der Genossen.